Riccardo Bonfranchi, Renate Dünki, Eliane Perret

Integration – Separation – Kooperation

AF573272

Lehren und Lernen mit behinderten Menschen

Band 43

Riccardo Bonfranchi, Renate Dünki, Eliane Perret

Integration – Separation – Kooperation

Ein heilpädagogischer Blick auf Bildungschancen für Kinder und Jugendliche mit Behinderungen

Das Werk einschließlich seiner Teile ist urheberrechtlich geschützt. Jede Verwertung außerhalb der engen Grenzen des Urheberrechtsgesetzes ist ohne Zustimmung des Verlags unzulässig und strafbar. Insbesondere darf kein Teil dieses Werkes ohne vorherige schriftliche Genehmigung des Verlags in irgendeiner Form (unter Verwendung elektronischer Systeme oder als Ausdruck, Fotokopie oder unter Nutzung eines anderen Vervielfältigungsverfahrens) über den persönlichen Gebrauch hinaus verarbeitet, vervielfältigt oder verbreitet werden.

Für alle in diesem Werk verwendeten Warennamen sowie Firmen- und Markenbezeichnungen können Schutzrechte bestehen, auch wenn diese nicht als solche gekennzeichnet sind. Deren Verwendung in diesem Werk berechtigt nicht zu der Annahme, dass diese frei verfügbar seien.

Ein ATHENA-Titel bei wbv Publikation

© 2022 wbv Publikation
ein Geschäftsbereich der
wbv Media GmbH & Co. KG

Gesamtherstellung:
wbv Media GmbH & Co. KG, Bielefeld
wbv.de

ISBN (Print) 978-3-7639-7159-6
ISBN (E-Book) 978-3-7639-7160-2

Printed in Germany

Bibliografische Information der Deutschen Nationalbibliothek
Die Deutsche Nationalbibliothek verzeichnet diese Publikation in der Deutschen Nationalbibliografie; detaillierte bibliografische Daten sind im Internet über http://dnb.d-nb.de abrufbar.

Inhalt

Einleitung

In den vergangenen Jahren stand die Integration bzw. Inklusion von Kindern und Jugendlichen mit einer Behinderung in die Regelschule sehr oft im Fokus verschiedener Bildungsdebatten. Die Frage, ob man mit diesem neuen Bildungsangebot den Bedürfnissen von Menschen mit einer Behinderung gerecht werden kann, riss Fronten auf. Die Befürworter und Befürworterinnen machten sich, bezugnehmend auf ihre Interpretation des Behindertengleichstellungsgesetzes der UNO, für ein integratives/inklusives Bildungsmodell stark. Sie legten Wert darauf, dass dieses Gesetz nur so und ausschließlich durch »eine Schule für alle« erfüllt werden könnte. Die bisher entwickelten differenzierten Förderangebote galten aus ihrer Sicht als diskriminierend und sollten abgeschafft werden. Von dieser Seite wurden auch immer wieder ökonomische Begründungen ins Spiel gebracht. Spezialisierte Schulangebote seien zu teuer, die vorhandenen Ressourcen müssten anders verteilt werden. Medial fanden recht einseitig die Argumente der Integrations-/Inklusionsbefürwortenden Raum, während die andere Seite oft als nicht ganz auf dem neuesten Stand der wissenschaftlichen Erkenntnisse beschrieben wurde. Die sog. separativen Bildungsangebote erhielten immer mehr einen negativen Beigeschmack. Das wurde unterstützt durch die Ausbildungsinhalte der Heilpädagogischen Hochschulen, die heute ihre Studierenden augenfällig für eine Tätigkeit im Arbeitsfeld der Integration/Inklusion ausbilden und ihnen deshalb nur wenig Einblick und Fachwissen für spezialisierte heilpädagogische Bildungseinrichtungen mitgeben.

Im Zuge dieser Entwicklung wurden viele der bestehenden spezialisierten Bildungsangebote aufgehoben. Welche Rolle in diesem Prozess internationale Abkommen und nationale Gesetzgebungen bzw. deren Auslegung spielen, soll später thematisiert werden. Den Eltern wurde die integrative Schulungsform als Schule der Wahl nahegelegt. Das führte dazu, dass heute ein Nebeneinander von integrativen Regelschulen, Heilpädagogischen Schulen, Privatschulen und einigen wenigen Kleinklassen besteht. Zum Teil entstehen jedoch aufgrund von negativen Erfahrungen und Schwierigkeiten in »einer Schule für alle« wieder – offen oder verdeckt – neue separative Angebote. An diesem Punkt der Diskussion stehen wir heute und es ist an der Zeit, die Entwicklung und die bisherigen Erfahrungen offen und ehrlich zu reflektieren.

Warum wir dieses Buch geschrieben haben

Die inklusive Gesellschaft ist eine Vorstellung, die uns im Tiefsten anspricht. Wer möchte nicht, dass alle Menschen gemeinsam leben und lernen können? Wenn jedoch bei der Diskussion darüber, wie eine solche Vision umgesetzt werden kann, wichtige Zusammenhänge vernachlässigt werden, droht sie thematisch und ideologisch verengt geführt zu werden.

So gewannen wir als Heilpädagoginnen und Heilpädagogen den Eindruck, dass die Debatte über diese Fragen oft im luftleeren Raum und ohne Bezug zur Praxis stattfand. Unsere Erfahrungen blieben meist ungehört oder wurden nicht ernst genommen. Damit werden u. E. wichtige Zusammenhänge und die Komplexität der Fragestellungen ausgeblendet und auf wenige, oft dogmatisch anmutende Argumente reduziert. Mit unserem Buch möchten wir entsprechende Lücken füllen und zur Versachlichung und Überprüfung der Diskussion um die »richtige« Schulungsform beitragen. Wir vermissen dazu einen differenzierten, unvoreingenommenen Blick auf die Arbeit, die in heilpädagogischen Einrichtungen real geleistet wird, und auf das Fachwissen, das dieser zugrunde liegt. Es fehlt nach unserer Einschätzung auch der Blick auf die wissenschaftliche Entwicklung, die im Laufe der Jahrzehnte zunehmend bessere Förderansätze möglich machte – gebunden allerdings an kompetente Fachkräfte und passende Settings.

Was Sie erwartet

In einem ersten Kapitel wird in der gebotenen Kürze die historische Entwicklung aufgerollt, die zu einer allmählichen Ausdifferenzierung der Bildungsangebote für Kinder und Jugendliche mit besonderen Bedürfnissen geführt hat. Sie konnten sich im Ländervergleich sehen lassen. Dann unternehmen wir als nächstes den Versuch zu klären, warum es zur Frontenbildung zwischen Separation und Integration kam. Einen gewichtigen Teil unseres Buches nehmen schließlich Beispiele aus der Praxis ein. Sie machen die Ansprüche deutlich, denen sich eine umfassende heilpädagogische Förderung stellen muss, damit die erwähnten Gleichstellungsanliegen erfüllt werden können. Die Beispiele zeigen auf, worin sich ausgehend von der Praxis eine skeptische Haltung gegenüber einer flächendeckenden Integration/Inklusion begründet. Als Klammer sei hier angemerkt, dass wir den Blick auf einen spezifischen Bereich der Heilpädagogik gerichtet haben, nämlich die Förderung von Kindern und Jugendlichen mit einer kognitiven Beeinträchtigung. Nicht erfasst werden Menschen mit Sinnesbeeinträchtigungen (Blinde, Gehörlose) oder schweren körperlichen Einschränkungen, die nicht kognitiv behindert sind und häufig spezielle Institutionen besuchen.

Anschließend an diese Beispiele aus der Praxis Heilpädagogischer Schulen richten wir unseren Blick auf Kinder und Jugendliche mit Verhaltens- und Lernproblemen und fragen uns, ob für sie alle das integrative/inklusive Schulmodell das richtige ist und welche Fragen und Probleme sich dabei stellen. Dann legen wir unsere Schlussfolgerungen in einem zusammenfassenden Kapitel als Thesen dar und schließlich zeigen wir mögliche Perspektiven von Bildungsangeboten auf, die sich am Wohle und der Würde der von Behinderung betroffenen Menschen orientieren.

So versteht sich das Buch als Beitrag zur öffentlichen Diskussion rund um die Bildung von Menschen mit einer Behinderung und zur Frage, wie ihnen optimale Teilhabe an unserem gesellschaftlichen Zusammensein möglich gemacht werden kann. Deshalb richtet es sich nicht nur an speziell Interessierte, nicht nur an Eltern und Angehörige von Kindern mit besonderen Bedürfnissen. Nein, es bietet auch Lesestoff für in der Heilpädagogik tätige Kollegen und Kolleginnen. Dabei haben wir insbesondere auch an Neueinsteigende in das Berufsfeld der Heilpädagogik gedacht. Wichtig scheint uns auch, dass Lehrerinnen und Lehrer, die in Regelschulen unterrichten, Einblick gewinnen in die Arbeit, die in sog. separativen Einrichtungen geleistet wird. Das ergibt für sie auch die Möglichkeit zu reflektieren, ob die in ihren Klassenzimmern praktizierte integrative Schulungsform dem Recht auf Gleichstellung gerecht wird, gerecht werden kann. Das Buch richtet sich aber auch an interessierte Bürgerinnen und Bürger, die sich der Verantwortung für unsere schwächsten Mitmenschen bewusst sind, und selbstverständlich auch an Bildungsverantwortliche, die gerne den Blick über den Zaun wagen. Um sich einen eigenen Standpunkt zu einer Frage zu bilden, braucht es Information und Diskussion. Nur dann ist eine unbeeinflusste, sachbezogene Meinungsbildung möglich, die einer Demokratie würdig ist, und nur dann kann die Frage beantwortet werden, wie wir Menschen mit besonderen Bedürfnissen das ihnen zustehende Recht auf Bildung und Gleichberechtigung zugestehen können.

1 Kurzer Blick in die Geschichte

Ohne historische Kenntnisse und historisches Bewusstsein kann man Reformen, wie wir sie heute im Bildungsbereich antreffen, nicht verstehen. Dieser Blickwinkel ermöglicht es erst, Entwicklungen umfassender zu beurteilen und sich ein eigenständiges, informiertes Urteil zu bilden. Das schützt davor, auf Überlegungen zu setzen, die sich in der Vergangenheit als falsch oder gar verhängnisvoll erwiesen haben, und es eröffnet Perspektiven und Wege, Fehlentwicklungen zu korrigieren. Das gilt auch für aktuelle Strömungen in der Heilpädagogik. Wir bevorzugen im Folgenden den Begriff »Heilpädagogik« gegenüber »Sonderpädagogik«, weil er zum einen eine längere geschichtliche Tradition hat und u. E. eine ganzheitliche Sicht unseres Berufsauftrags widerspiegelt, wie wir ihn verstehen.

Spurensuche

Der Umgang mit Menschen mit einer Behinderung war und ist stets vom Menschenbild geprägt und zeigt den jeweiligen Stand des Wissens, die wissenschaftlichen Präferenzen sowie die gesellschaftliche und politische Situation. Quasi als Nebenprodukte historischer Forschung haben sich dokumentarische Nachweise, Überlieferungen und Querverweise in unterschiedlichen Wissenschaften erhalten. Aus Philosophie und Sprachwissenschaften wird auf entsprechende Gesetze und Gesellschaftsentwürfe verwiesen, die Archäologie berichtet über Skelette mit Schädigungen und Spuren von Heilungsversuchen und aus Perspektive der Kunstgeschichte kann an Darstellungen ein klarer Bezug zu Menschen mit Behinderungen erkannt werden. Die Bandbreite reichte von Verehrung über Tabuisierung und Versorgung in asylähnlichen Institutionen bis hin zur Tötung behinderter Neugeborener. Man war sich also der Existenz »besonderer« Menschen schon in frühen Epochen der Menschheitsgeschichte bewusst. Erst viel später wurde auch deren gezielte Erziehung und Bildung thematisiert.

Eigenständige Wurzeln – mutige Anfänge

Man könnte vermuten, dass die Heilpädagogik als spezialisierter Wissenschaftszweig aus einer »übergeordneten« wissenschaftlichen Disziplin, in diesem Fall der Pädagogik oder der Medizin, hervorgegangen ist. Dem ist aber nicht so. Was sich im 17./18. und deutlich dann im 19. Jahrhundert zu entwickeln begann, geschah außerhalb dieser Wissenschaftszweige. Die ersten Bildungsinstitutionen für Behinderte entstanden auf Initiative einzelner Pionierinnen und Pioniere am Ende der Aufklärung vor über zweihundert Jahren. Zu erwähnen sind die Gehörlosenschule von Abbé *Charles Michel de l'Epée* in Paris zwischen 1760 und 1770, die Blindenschule von *Valentin Haüy* um 1774 (ebenfalls in Paris) und die Spitalschule von *André Venel* in Orbe in der Westschweiz, die 1780 gegründet wurde (Solarova 1983). Man begann sich derjenigen Menschen anzunehmen, die bis dahin »vergessen« gegangen waren, und schrieb auch ihnen einen Bildungs- und Erziehungsanspruch zu. Bereits im 17. Jahrhundert hatte die Idee Fuß gefasst, dass alle Kinder, auch behinderte, erziehungs- und bildungsberechtigt und -befähigt sind. Dazu gehörten nicht nur von Behinderung betroffene, sondern auch verarmte, verwahrloste oder verwaiste Kinder und Jugendliche. Anstatt ein randständiges Dasein zu fristen, sollten sie in die Gesellschaft integriert und in einen gemeinsamen Rahmen des Zusammenlebens aufgenommen werden.

Erziehung und Bildung für alle

Damit waren die Grundsteine für die spätere Entwicklung der Heilpädagogik gelegt.

Es ist deshalb historisch falsch, der Sonder- und Heilpädagogik vorzuwerfen, dass sie in ihren Anfängen durch Etikettierung und Desintegration zur Diskriminierung und Aussonderung behinderter Kinder und Jugendlicher beigetragen hätte. Im Gegenteil war es gerade sie, die einen wesentlichen Anteil an der Ausweitung des Erziehungs- und Bildungsbegriffes hatte, indem sie dort bildend und erziehend tätig wurde, wo sich die bestehende Pädagogik – von wenigen erfreulichen Ausnahmen abgesehen – als nicht zuständig ansah. So findet man bei *Wolfgang Ratke* (1571–1635) und *Johann Anton Comenius* (1592–1670) den Gedanken der Bildungsbedürftigkeit und Bildbarkeit *aller* Menschen beschrieben. Daran fügte sich die Überlegung an, dass für jeden Menschen die jeweils geeignete Erziehungs- und Bildungsmethode gefunden werden musste. So entstand die Heilpädagogik aus der Praxis und weitgehend außerhalb der bestehenden wissenschaftlichen pädagogischen, medizinischen und auch psychologischen Fachbereiche. Um diese Wurzeln der Heilpädagogik zu wissen, scheint uns wichtig. Wir möchten im Folgenden jedoch auf eine detaillierte historische Darstellung der Entwicklung der entsprechenden

Institutionen und der Heilpädagogik verzichten. Darüber gibt es bereits verschiedene umfassende und lesenswerte Werke, in denen dies sorgfältig aufgearbeitet wurde (Solarova 1983; Ellger-Rütthardt 1995; Häberlin 2005; Speck 1993).

Johann Heinrich Pestalozzi – ideelle und praktische Grundlagen

Ein spezielles Augenmerk richten wir jedoch auf die Geschichte der Heilpädagogik in der Schweiz, die sich anders als beispielsweise in Deutschland gestaltete. Hier war es *Johann Heinrich Pestalozzi* (1746–1827), der die ideellen und praktischen Grundlagen lieferte. In verschiedenen Schriften behandelte er heil- und sozialpädagogische Probleme. Entscheidend war seine ganzheitliche, von einem personalen Menschenbild geprägte Sicht. Für Pestalozzi ging es um das Schicksal des Einzelnen, das Priorität hatte. Durch Erziehung sollte das Kind mit seinen individuellen Bedürfnissen in seinem sozialen Umfeld verankert werden. Ein demokratisches Gesellschaftsmodell bot aus seiner Sicht die besten Bedingungen dazu. Pestalozzi lieferte damit die Grundlagen für die Entwicklung einer wertgeleiteten, personalen Heilpädagogik.

Mit Kopf, Herz und Hand – praxisorientierte, seminaristische Ausbildung

Pestalozzis bekanntes Postulat von Kopf, Herz und Hand, also von Denken, Fühlen und Handeln, wurde später von *Heinrich Hanselmann* und *Paul Moor*, den Pionieren schweizerischer Heilpädagogik, als Leitlinie heilpädagogischen Denkens aufgenommen. Es prägte lange Zeit das Berufsbild und die Ausbildung in der Heilpädagogik als Schulung des Einfühlungsvermögens, gebunden an entsprechendes Fachwissen.

Die Verknüpfung von Pädagogik und Heilpädagogik war auch durch den seminaristischen Ausbildungsweg für Sonderschullehrpersonen gegeben, der eine Regelschullehrerausbildung und damals auch eine mehrjährige erfolgreiche Tätigkeit in diesem Bereich voraussetzte. Der Schwerpunkt lag auf der praktischen Ausbildung, die jedoch durch theoretische Kenntnisse untermauert wurde, die an der philosophischen Fakultät der Universität Zürich gelehrt wurden. Der erste und langjährige Rektor war Heinrich Hanselmann (1885–1960). 1931, nach der Eröffnung des ersten europäischen Universitätslehrstuhls für Heilpädagogik an der Universität Zürich, wurde er zum ersten Professor für Heilpädagogik ernannt. Später übernahm Paul Moor (1899–1977) diese Funktion. Zwischen dem Heilpädagogischen Seminar und der Universität Zürich bestand eine enge Zusammenarbeit. Hanselmann und später sein Nachfolger verstanden Heilpädagogik als humanwissenschaftliche Disziplin und grenzten sie klar von der Medizin ab:

»Darum ist Heilpädagogik auch etwas anderes als eine blosse Kompilation [Zusammenstellung] von gewissen medizinischen und psychologischen Kenntnissen. Sie ist mehr und anders als eine blosse Addition gewisser psychotherapeutischer Methoden und pädagogischer Massnahmen.« (Hanselmann 1932, S. 17)

Hanselmann und Moor waren auch Verfasser der ersten spezialisierten Lehrbücher, die mehrfach aufgelegt und lange Zeit Grundlage der Ausbildung in Heilpädagogik waren. Die Heilpädagogik verstand sich als pädagogisches Fachgebiet, das sich durch einen ganzheitlichen Ansatz auszeichnete (und weniger durch Spezialisierung wie beispielsweise in Deutschland). Immer wieder geriet sie ins Spannungsfeld zwischen Pädagogik und Medizin, konnte aber lange Zeit der Einflussnahme letzterer widerstehen. Die These von Paul Moor, »Heilpädagogik ist Pädagogik und nichts anderes«, war grundlegend und verwies auf den erzieherischen Aspekt des Berufsauftrags, der sich an einem der europäischen Wissenschaftstradition entstammenden personalen Menschenbild orientierte. Diese Auffassung prägte auch die Arbeit von einigen weiteren, heute oft vergessenen Wegbereitern und Wegbereiterinnen einer wertgeleiteten Heilpädagogik wie *Johann Jakob Guggenbühl* (1816–1863) in Interlaken, *Paul Geheeb* (1870–1961) auf dem Hasliberg, *Hans Zulliger* (1893–1965) in Ittigen, *Mimi Scheiblauer* (1891–1968) in Zürich u. a.

Auch in der Regelschule

In der Zwischen- und Nachkriegszeit hatte *Paul Häberlin* (1878–1960), Philosoph, Psychologe und Pädagoge, großen Einfluss auf die Inhalte der seminaristischen Ausbildung aller Lehrpersonen. Er hatte selbst verschiedene Schriften zu heilpädagogischen Themen verfasst. Mehrere seiner Schüler wurden später Seminardirektoren. So fand die Heilpädagogik in der Ausbildung der Regelschullehrpersonen ihren Platz, eingebettet in die Fachbereiche Psychologie und Pädagogik, sodass auch die Lehrkräfte an den Regelklassen durchaus befähigt wurden, mit »schwierigen« Kindern in ihren Klassen zurechtzukommen und sie im Klassenverband zu belassen.

Natürlich war das vom persönlichen pädagogischen Geschick und manchmal auch vom Interesse der Lehrpersonen abhängig.

In demokratischer Verantwortung

In Anlehnung an Pestalozzi war in der Schweizer Pädagogik und Heilpädagogik bis in die jüngere Zeit die »Erziehung der Erziehenden« grundlegend. Auch war es den Protagonisten und Protagonistinnen, ebenfalls in der Tradition Pestalozzis, ein Anliegen, ihr Wissen in geeigneter Form zu den Menschen zu bringen. Pestalozzi nutzte dazu die damals weit verbreiteten Volkskalender und schrieb Volksromane wie »Lienhard und Gertrud«. Häberlin und seine Schülerinnen und Schüler machten in der Zwischenkriegszeit pädagogische und heilpädagogische Themen durch Schriftenreihen und Zeitschriftenartikel einer breiten Leserschaft zugänglich. Sie waren in den Volksschulen und als Ausbildende tätig und brachten ihre Erfahrungen auch in politischen Gremien ein. Hanselmann beispielsweise betreute eine Art Eltern-Ratgeber in der Illustrierten »Blatt für alle« (sic!). Von Paul Moor sind die »Albisbrunner Schriften« bekannt, deren Name sich an das Landerziehungsheim Albisbrunn anlehnt, dessen Leitung er nach der Gründung 1931 übernommen hatte. So nahmen sie als Wissenschaftlerinnen und Wissenschaftler und Bürgerinnen und Bürger ihre demokratische Verantwortung wahr (vgl. Kobi 1984, S. 33 f.).

Übernahme der Heilpädagogik durch die Medizin und Psychiatrie

Die seminaristische Ausbildung von Heilpädagoginnen und Heilpädagogen war in der Schweiz also lange Zeit in enger Verbindung von Praxis und Theorie gestaltet. In den letzten Jahren fand jedoch eine zunehmende Akademisierung der Ausbildung statt. An der Universität hatte bis dahin die Heilpädagogik bzw. Sonderpädagogik zumindest in Zürich keinen großen Raum eingenommen und konnte lange Zeit nur als Nebenfach (mit wenig Praxisnähe) belegt werden. 2001 wurde das Heilpädagogische Seminar Zürich geschlossen und die Ausbildung durch einen Studiengang an der neu gegründeten Hochschule für Heilpädagogik ersetzt. Zwischen 2005 und 2006 wurden in der Schweiz diese Studiengänge der Fachhochschulen als Bachelor- und Masterstudium an die »Erklärung von Bologna« angepasst. Damit hat sich die Ausbildung den europäischen und internationalen Usanzen angeglichen. In den gleichen Zeitraum fallen die Bestrebungen zur Integration/Inklusion, die heute die Ausbildungsinhalte bestimmen und im folgenden Kapitel in einem größeren Zusammenhang beleuchtet werden.

Psychiatrisierung der Heilpädagogik

Es ist hier nicht der Raum, diese Veränderung der Ausbildung zu beurteilen. Interessant ist es dennoch, um deren Wurzeln zu wissen (vgl. Bonfranchi/Perret 2021). Sie ist verbunden mit einem wenig diskutierten Paradigmenwechsel vom humanistisch-sozialwissenschaftlichen zum biologistischen Menschenbild. Für die Heilpädagogik bedeutete das eine völlig neue Herangehensweise an die Problemstellungen und eine Psychiatrisierung der Heilpädagogik; manche sehen deshalb heute die Heilpädagogik auch als Hilfswissenschaft der Medizin. In der praktischen heilpädagogischen Arbeit kommt seither die ICF (Internationale Klassifikation der Funktionsfähigkeit, Behinderung und Gesundheit) bzw. die ICF-CY für Kinder und Jugendliche zum Einsatz. Es ist die Entsprechung des Internationalen Psychiatrischen Diagnosesystems ICD-10. Dieses wurde 2001 von der Generalversammlung der Weltgesundheitsorganisation WHO verabschiedet und ist seither für die unterzeichnenden Staaten verbindlich.

Forschung aus der Ferne

Diese Entwicklung wurde nicht allseits begrüßt, speziell nicht die Abwendung von einer wertgeleiteten Heilpädagogik und die Akademisierung der Heilpädagogik (und Pädagogik) als empirische, naturwissenschaftliche Disziplin. Emil E. Kobi (1935–2011), einer der großen schweizerischen Heilpädagogen, monierte in seiner direkten Art einerseits die zunehmenden »›Hemmungen‹ im Umgang mit dem Volke«, womit er die üblicherweise als »Elfenbeinturm der Wissenschaften« bezeichnete Distanz von Forschenden zur Praxis meinte. Dann beklagte er auch unverblümt: »In der Tat wurde im pädagogischen Bereich wahrscheinlich noch nie so viel geforscht und zugleich so wenig bewirkt wie in unserer Zeit, und das Verhältnis zwischen Aufwand und Ertrag droht sich zunehmend zuungunsten des letzteren zu verschieben.« (Kobi 1984, S. 34)

Mit anderen Worten

Die geschichtlichen Wurzeln der Heilpädagogik liegen in der Arbeit von Einzelnen, die sich für eine Bildung *für alle* einsetzten. Ihr Anliegen war es, auch Menschen zu Bildung und einem Platz in der Gesellschaft zu verhelfen, die bisher als randständig vernachlässigt worden waren. Darauf baute eine wertgeleitete Heilpädagogik auf, die das Kind in seiner ganzen Persönlichkeit und seiner Entwicklung in einem je individuellen und gesellschaftlichen Umfeld zu erfassen sucht. Die Lebensgeschichte des Kindes war Ausgangspunkt der heilpädagogischen Arbeit und der Erziehungs- und Beziehungsaspekt standen im Zentrum. Diese personale Auffassung des Kindes wurde bis in die 1980er-Jahre gelehrt und praktiziert. Mit dem bereits beschriebenen Paradigmenwechsel von einem personalen zu einem biologistischen Menschenbild wurde diese inhaltliche Ausrichtung der Heilpädagogik verlassen. Sie ist heute bestimmt vom angloamerikanischen Wissenschaftsraum, der die aktuellen Ausbildungsinhalte und die praktische Tätigkeit prägt.

2 Polarisierung von Sonderschulung[1] und Integration/Inklusion

Realität der heilpädagogischen Arbeit

Konfrontative Sichtweisen in einem Arbeitsgebiet erfordern zu ihrer Klärung die Erprobung in der Praxis und immer wieder die Überprüfung des jeweiligen Standpunkts. Wie einleitend dargelegt, haben wir uns deshalb entschieden, der Darstellung von Praxisbeispielen breiten Raum zu geben. Es handelt sich dabei öfter auch um eine Gegenüberstellung von Beispielen spezieller Schulung gegenüber integrativer Schulung von Kindern und Jugendlichen mit besonderem Förderbedarf.

Die Beispiele sind langjähriger Erfahrung in der Arbeit mit Menschen mit einer kognitiven Beeinträchtigung zu verdanken. Diese Kinder und Jugendlichen wurden in Sonderschulen gefördert. Die Arbeit dort erfordert stets sorgfältige Zusammenarbeit mit Fachleuten von Nachbardisziplinen: Es geht dabei um anspruchsvolle, öfter auch nicht kurzfristig oder einfach lösbare Probleme der fachgerechten Förderung und medizinischen oder pädagogisch-therapeutischen Therapien einzelner Kinder, die regelmäßig im Team besprochen werden.[2]

Oft werden Lösungen gefunden. Aber es bleiben immer wieder offene Aufgaben. Denn die Förderung ist komplex und behinderte Kinder können ihre Bedürfnisse meistens nicht direkt zum Ausdruck bringen, diese müssen immer auch aus dem Verhalten erschlossen werden. Deshalb werden stets mögliche Entwicklungsschritte beobachtet, mit den Kollegen und Kolleginnen überlegt, bei den Eltern nachgefragt. Manchmal ist es Detektivarbeit. Die Beispiele in diesem Buch zeigen das hochdifferenzierte

---

1 Die Sonderschulung richtet sich an Kinder und Jugendliche mit einem dauerhaft besonderen Bildungsbedarf aufgrund ihrer spezifischen Beeinträchtigung. Der Unterricht ist auf diese Klientel abgestimmt, findet in kleinen Klassen statt und hält diverse Therapieangebote bereit.

2 An der Heilpädagogischen Schule gibt es einmal medizinische, ärztlich verordnete Therapien (Physiotherapie, Ergotherapie) und weiter pädagogisch-therapeutische Therapien (Psychomotorik, Logopädie). Die Therapeutinnen und Therapeuten sind meist an der Schule angestellt und gehören zum Team. Das ist ein wesentlicher Unterschied zu Primarschulen, wo eventuell auch Psychomotorik-Therapeutinnen/-Therapeuten oder Logopäden/Logopädinnen beigezogen werden, die aber i.d.R. für die spezifischen Bedürfnisse kognitiv behinderter Kinder nicht ausgebildet sind.

Vorgehen, das große Engagement, die Erfahrung und das immense Wissen der ausgebildeten Fachkräfte auf. Sie arbeiten in Heilpädagogischen Schulen, Sonderschulen, in denen auch die notwendigen Therapien und pflegerischen Maßnahmen, spezielle Bestuhlung usw. angeboten werden können. Diese Arbeit kann nur geleistet werden, weil eine gemeinsam gepflegte Werthaltung gegenüber den Menschen mit besonderen pädagogischen Bedürfnissen (Häberlin 2005) die Grundlage bildet. Es geht letztlich um das personale Menschenbild. Dies sei hier nochmals deutlich angesprochen, weil die weiteren Darlegungen diese Werthaltung voraussetzen. Aus ihr ergibt sich notwendig die Fragestellung, welche Schulung und Förderung für ein Kind jeweils die am besten geeignete ist.

Ethische Forderung

Aufgrund dieser heilpädagogischen Aufgabe muss aus ethischer Sicht die Forderung nach Bildungseinrichtungen, die die Bedürfnisse von Menschen mit Behinderungen erkennen und darauf adäquat eingehen können, immer neu gestellt werden. Kinder und Jugendliche mit schweren Lernstörungen oder kognitiven Einschränkungen sind langfristig oder dauerhaft auf Hilfe angewiesen und können ihre Interessen und ihre Rechte oft nur begrenzt selbst vertreten. Sie brauchen eine Öffentlichkeit, die sich für ihr Wohl und ihr Recht auf Bildung einsetzt – für eine Bildung, die nicht hinter die dargestellten differenzierten Errungenschaften der Heilpädagogik zurückgeht. Auch sie haben wie alle Kinder ein Recht auf die ihnen entsprechende Bildung. Kann dies die heute favorisierte Integration in die Regelschule leisten?

Mit diesem Vorgang war in vielen Kantonen ein nahezu vollständiger Abbau der Sonderklassen verbunden.[3] Im Rückblick stellt sich deshalb die Frage: Wie kam es dazu, dass Wissenschaftler und Wissenschaftlerinnen der Heilpädagogik, Schulpolitiker und -politikerinnen und Behörden mit Überzeugung und dezidiert die Integration in »eine Schule für alle« als

3 Sonderklassen waren jeweils in den Primarschulen eingerichtet. Es gab differenzierte Angebote, z. B. eine ein- bis zweijährige Kleinklasse für den Anfangsunterricht von Kindern mit fehlender Schulreife, die sich bewährt hatte (Einführungsunterricht). Die Kinder traten danach fast ausnahmslos in die 2. Regelklasse über. Klassenlehrerinnen und Klassenlehrer solcher Kleinklassen waren Lehrkräfte mit heilpädagogischer Ausbildung. Heute kommen Kinder, die früher Kleinklassen besuchen konnten, häufig dann an eine Heilpädagogische Schule, wenn eine Integration abgebrochen wurde oder gar nicht begonnen wird.

den Lösungsweg vertreten? Hat sich diese Schulungsform in der Praxis langfristig für das einzelne Kind, seine sozialen und Alltagsfähigkeiten und Fertigkeiten, seine Persönlichkeitsentwicklung bewähren können, hat sie ihm bessere Lebensperspektiven eröffnet?

Die Integration bedeutet in der Realität zwar eine rechtliche Gleichstellung, birgt aber immer auch die Gefahr einer Unterschätzung oder Bagatellisierung von Behinderung. Sie kann damit im Einzelfall gegen das Anrecht jedes Kindes auf die ihm förderliche spezifische Bildung verstoßen, wie sie eine wertgeleitete Heilpädagogik vertritt.

Ein Blick in die Geschichte der Integrationsbewegung kann Hinweise auf Hintergründe der oft emotional vorgetragenen Forderung nach Integration geben. Hier soll deshalb kurz auf die Anfänge der Integrationsbewegung, ihre rechtlichen Grundlagen, einen entscheidenden Übersetzungs- und Deutungsfehler und die damit verbundene Schulpolitik eingegangen werden, sei es, natürlich nicht identisch, in Deutschland, Italien oder der Schweiz. Genauer kann dies in verschiedenen Veröffentlichungen (u. a. Bonfranchi 2017) und z. B. einem kürzlich erschienen Fachbuch (Speck 2019) nachgelesen werden.

Wurzeln der Integrationsbewegung

Während sich in der zweiten Hälfte des 20. Jahrhunderts die auf besondere pädagogische Bedürfnisse zugeschnittene Heilpädagogik und Lehrerausbildung Schritt für Schritt weiterentwickelte (vgl. z. B. den Bericht von Lin 2020), ließ sich seit Ende der Sechzigerjahre eine kämpferische Gegenbewegung feststellen. Sie forderte gemeinsamen Unterricht für alle Kinder, weg von der Sonderschulung, der sog. »Separation«, hin zu einer integrativen/inklusiven Schulung. Auslöser war die grundsätzliche Ablehnung jedes Sonderschulsystems aus gesellschaftskritischen Gründen, oft gerade durch Professoren und Professorinnen der Sonderpädagogik. Es waren, z. B. in Deutschland, Vertreterinnen und Vertreter einer marxistisch-materialistisch begründeten Sonderpädagogik, die Behinderung als gesellschaftlich bedingtes Phänomen definierten (z. B. Jantzen 1978; Feuser 1984). Nur eine neue Schule in einer neuen Gesellschaft könne dieses Problem gesamtgesellschaftlich lösen. Die Kritik war ideologisch, nicht empirisch begründet.

Die Forderung nach Integration/Inklusion fand bald in der Schulpolitik ein Echo, z. B. im Bildungsratsausschuss »Sonderpädagogik«, 1970 in

Deutschland einberufen. Er sollte damals die Möglichkeiten der Umsetzung von Integration ins gesamte Schulsystem untersuchen und klären – dies im Sinn einer möglichen Alternative innerhalb des bestehenden Schulsystems. Daraus entstanden Empfehlungen für die gemeinsame Unterrichtung behinderter und nicht behinderter Kinder und Jugendlicher. Es ging damals jedoch nicht um die Abschaffung von Sonderschulung, sondern um eine Ergänzung des Bildungsangebots. Denn wertgeleitete Heilpädagogik fordert, dass kein Kind in seiner Entwicklung Schaden nimmt.

Anders z. B. in Italien, wo zeitweise die erst kurz zuvor gegründeten Sonderschulen radikal wieder abgeschafft werden sollten. Parallel zur Antipsychiatriebewegung (F. Basaglia) waren in den Siebziger- und Achtzigerjahren Sonderpädagogen und -pädagoginnen nicht mehr erwünscht, generell sei gemeinsamer Unterricht, »eine Schule für alle« einzurichten. Man verwandte den Begriff der Inklusion, die in ihrer radikalen Form keine Differenzierung zwischen Menschen mit Einschränkungen und nicht behinderten Menschen erlaubt. Es sei normal, anders zu sein. Die Gesellschaft, nicht der einzelne Mensch, müsse sich entwickeln. Es brauche einen Bewusstseinswandel. Da diese Forderungen jedoch staatlich und damit finanziell nicht genügend abgesichert waren und sind, konnte sich in Italien keine funktionsfähige Integration entwickeln (vgl. Speck 2019, S. 12 f.). Nach diesem Rückblick auf die Entwicklung in Nachbarländern soll nun auf die Situation in der Schweiz eingegangen werden.

Gesetzliche Grundlagen der Integration in der Schweiz

Integration wird in der Schweiz als eine spezielle Schulungsform im Rahmen des Regelunterrichts verstanden – Voraussetzung ist meist die Diagnose eines besonderen Förderbedarfs, auf den durch Stützmaßnahmen im integrativen Unterricht eingegangen wird. In der Schweiz ist es heute üblich, möglichst alle Kinder mit besonderen pädagogischen Bedürfnissen im Rahmen der Regelschule integrativ zu beschulen. Die differenzierenden Sonderklassen sind nahezu überall aufgelöst, obwohl dies gesetzlich nicht verpflichtend ist. Nach wie vor gibt es spezialisierte gemeindeeigene oder private Sonderschulen und Heilpädagogische Schulen, die trotz Integration auch weiterhin einen großen Zulauf haben (vgl. Sahli-Lozano et al. 2021, S. 168).

Vorgaben zur Integration gibt es auf unterschiedlichen Ebenen, die jeweils in die Volksschulgesetze und Sonderschulkonzepte hineinwirkten.

1. Auf internationaler Ebene
   - die UNESCO: Erklärung von Salamanca zur Pädagogik für besondere Bedürfnisse 1994
   - die OECD, Organisation für wirtschaftliche Zusammenarbeit und Entwicklung: Sie liefert im Bildungsbereich vergleichende Studien (Pisa) und fördert inklusive Schulformen
   - die UNO: UN-Konvention über die Rechte von Menschen mit Behinderung (Behindertenrechtskonvention BRK) 2006
2. Auf Schweizer Ebene
   - der Bund: Behindertengleichstellungsgesetz 2002
   - Ratifizierung der Behindertenrechtskonvention (BRK) der UNO 2014
   - die Kantone mit den jeweiligen Volksschulgesetzen (VSG) und den Sonderschulkonzepten (SSK), z. B. Kanton Zürich VSG 2005 und SSK 2011
   - interkantonale Vereinbarung über die Zusammenarbeit im Bereich der Sonderpädagogik der Schweizerischen Konferenz der Erziehungsdirektoren EDK 2007

Zunächst zu den internationalen Konventionen: Sie beziehen sich auf die Schulverhältnisse in der ganzen Welt. Das heißt, sie geben rechtliche Empfehlungen auch für Länder, die sich die Förderung von Menschen mit einer Behinderung nicht leisten können (in den sog. Entwicklungsländern besuchen 98 % dieser Kinder *gar keine* Schule). Zur Zielgruppe gehören z. B. Kinder auf der Flucht oder vertriebene Kinder, Kindersoldaten, Nomadenkinder, Waisenkinder, Kinder von ethnischen oder religiösen Minderheiten. In den Gesetzen und Verträgen geht es immer um den gleichberechtigten Zugang aller Kinder zu einem öffentlichen Bildungsangebot überhaupt. Inklusion/Integration ist in diesem umfassenden Sinn zu verstehen (vgl. Speck 2019, S. 110 ff.). Es geht also grundsätzlich um das Recht aller Kinder auf Schulbildung.

In der Schweiz, Deutschland und anderen Nachbarländern hat man aus diesen Konventionen jedoch abgeleitet, dass jedes Kind, unabhängig von seiner Behinderung, nach Möglichkeit integriert zu unterrichten ist. Integration ist zum anerkannten, weitgehend nicht hinterfragten Modell geworden, obwohl sich aus der Tradition in diesen Ländern auch andere Lösungen entwickelt hatten.

Die UN-Behindertenrechtskonvention BRK spielte als Anstoß zur Veränderung eine wichtige Rolle. Aus heutiger Sicht könnte freilich auch eine Fehlinterpretation der Übersetzung zu diesem starken Einführungsschub beigetragen haben (vgl. Speck 2019, S. 37 ff.).[4]

Es handelte sich im englischen Original nicht um ein Entweder-oder einer bestimmten *Schulart*, sondern um die Basis-*Schulstufe*, die allen Kindern zugänglich sein soll. Auf die Schweiz bezogen bedeutet das: Die für alle Kinder zugängliche obligatorische Primarstufe gibt es nicht nur in Form der Regelschule, sondern auch in Form von Kleinklassen oder innerhalb der Sonderschulen und Heilpädagogischen Schulen.

Als Konsequenz aus dieser oben beschriebenen Uminterpretation der UN-BRK (»eine Schule für alle« = Regelschule) wurde die integrative/inklusive Schulungsform in der Regelschule etabliert.

Sonderschulung heute

Für die Schweiz bedeutete die UN-Konvention einen Druck von außen auf das Bildungssystem. Die Integration (in der Schweiz nicht Inklusion) wurde zur angesagten Schulungsform (vgl. u. a. Sahli Lozano et al. 2021). Bei der Umsetzung mussten die Kantone auch die Kosten einbeziehen und sich mehr oder weniger für ein Modell entscheiden. Dass man auf Seiten der Schulbehörde die Integration für das kostengünstigere Modell hielt, konnte seit den Anfängen der Diskussionen immer wieder gehört werden. Die Praxis hat dieses Argument längst widerlegt.

Kleinklassen zu führen, ist nach wie vor nicht verboten. Das Sonderschulkonzept des Kantons Zürich sieht z. B. vor, dass Sonderschulkinder »soweit möglich«[5] in Regelklassen unterrichtet werden sollen, jedoch

---

4 In Artikel 24 heißt es im Originaltext der UN-BRK »not excluded from free and compulsary primary education«. Primary education bedeutet jedoch Unterricht der Primar- oder Grundstufe, also nicht, wie übersetzt, »nicht vom Primarschulunterricht: ausgeschlossen«, sondern: nicht vom Unterricht der Primar-/Grundstufe ausgeschlossen (im Gegensatz zur Sekundarstufe) (Bundesgesetzblatt 2008, S. 35).

5 Beispiel Volksschulgesetz Kanton Zürich vom 7. Februar 2005, 3. Abschnitt: Sonderpädagogische Maßnahmen.
33.1 Die sonderpädagogischen Maßnahmen dienen der Schulung von Schülerinnen und Schülern mit besonderen pädagogischen Bedürfnissen. Die Schülerinnen und Schüler werden, wenn möglich, in der Regelklasse unterrichtet.

nicht um jeden Preis. Freilich wird, wenn immer möglich, eine integrative Lösung gesucht, wie es vom Gesetz her vorgegeben ist.

Die Schließung der meisten Kleinklassen hat dazu geführt, dass heute alle zunächst integrierten Schülerinnen und Schüler, die sich in der Regelschule öfter nach Jahren als nicht mehr förderbar erweisen, am Ende in den Heilpädagogischen Schulen oder anderen Sonderschulen aufgenommen werden müssen. Dies bringt vielfach eine sehr anspruchsvolle Heterogenität in den Heilpädagogischen Schulen mit sich. Die Problematik der integrativen Schulungsform, die den beteiligten Lehrkräften sehr viel abverlangt und leider so manchen Schülerinnen und Schülern nicht gerecht werden kann, wird heute durchaus erkannt. Diese Form konnte sich in keinem Land flächendeckend durchsetzen. Leider wird die Diskussion heute sehr polarisierend geführt. Dies hat offensichtlich – wie oben dargestellt – auch mit der fehlerhaften Übersetzung der Forderungen aus der UN-Behindertenrechtskonvention zu tun, aus denen dann nationale Gesetzgebungen abgeleitet wurden. An den zuständigen Stellen müsste dies reflektiert werden. Daneben sind wir nach einem längeren Zeitraum praktizierter Integration heute in der Lage, deren Erfolg bzw. Problemfelder zu beurteilen und entsprechende Korrekturen zu planen und einzuleiten. Dass in den Kantonen die Zahl der Sonderschulen wieder zunimmt, spricht für sich.

3 Sonderschulung – Praxis und Theorie

Im Gespräch mit Kolleginnen und Kollegen, die in der Regelklasse unterrichten, mit Bildungsverantwortlichen und mit vielen anderen an Schulfragen Interessierten ist uns aufgefallen, wie wenig über die täglich geleistete Arbeit in Sonderschulen bekannt ist. Oft fehlt es an Wissen über die speziellen Bedürfnisse dieser Kinder und Jugendlichen, dann wieder über die heute möglichen Unterstützungs- und Fördermöglichkeiten, z. B. welche Möglichkeiten in diesem Rahmen genutzt werden können, damit Kinder mit Verhaltensschwierigkeiten einen ruhigeren Weg im Umgang mit ihren Mitmenschen lernen. Oder wie Schülerinnen und Schüler mit Lernschwierigkeiten ihr kognitives Potenzial besser ausschöpfen können. Solche Prozesse brauchen i.d.R. Zeit und eine enge Begleitung und Unterstützung durch heilpädagogische Fachkräfte, die über das entsprechende Fachwissen, eine gute Beobachtungsgabe, Intuition, kreative Lösungsansätze und innere Flexibilität verfügen müssen. Wir stellten deshalb ein breites Spektrum an Beispielen aus der täglichen Praxis zusammen, in denen die unterschiedlichen Problemstellungen aufgegriffen werden. Die beschriebenen Kinder und Jugendlichen haben unterschiedlich ausgeprägte kognitive Beeinträchtigungen und besuchen in der Schweiz eine Heilpädagogische Schule. Gerade in der Arbeit in diesem Bereich der Heilpädagogik scheint uns wie unter einer Lupe ersichtlich zu sein, welche pädagogischen und psychologischen Aufgaben sich stellen, mit welchen Förderkonzepten sie angepackt werden können. Es wird deutlich, dass es in der Arbeit meist um einen längeren Zeithorizont geht und auch der nachschulische Lebensabschnitt mitbedacht und vorbereitet werden muss. Dadurch soll erkennbar werden, worin die Unterschiede zu einer integrierten Sonderschulung bzw. einem Inklusionsmodell bestehen. Dabei steht die Frage im Raum, wie den Forderungen des Übereinkommens über die Rechte von Menschen mit Behinderungen der UNO am besten Genüge getan werden kann und was es braucht, damit diese Menschen in den vollen und gleichwertigen Genuss aller Menschenrechte und Grundfreiheiten kommen und die Achtung der ihnen eigenen Würde gefördert werden kann (vgl. Übereinkommen über die Rechte von Menschen mit Behinderungen, Artikel 1).

Wir schlagen Ihnen deshalb einen fiktiven Besuch in einer Heilpädagogischen Schule vor. Sie werden Schülerinnen und Schüler kennenlernen. Selbstverständlich haben wir alle Angaben aus Gründen des Datenschutzes anonymisiert. Eine vermeintliche Wiedererkennung kann höchstens aufgrund der Tatsache geschehen, dass die Problemstellungen und die Förderkonzepte bei solchen Kindern und Jugendlichen immer wieder ähnlich sind. Die Beispiele haben jeweils einen bestimmten Schwerpunkt. Von Zeit zu Zeit wird ein Zwischenhalt eingeschaltet, um die Erfahrungen zu reflektieren und ein vorläufiges Fazit zu ziehen. Es wäre aber ein fataler Fehlschluss, nun davon auszugehen, dass die beschriebenen Probleme bei Integrationsversuchen nur Kinder und Jugendliche mit einer kognitiven Beeinträchtigung betreffen. Wir werden deshalb später speziell darauf eingehen, was eine fachgerechte Förderung von Kindern und Jugendlichen mit Verhaltensauffälligkeiten oder Lernschwierigkeiten bedeutet, welche Fragen und Probleme sich in diesem Kontext stellen und was die Forderung nach deren Gleichstellung beinhaltet.

Vom Recht auf ein gemeinsames soziales Umfeld

In den folgenden zwei Beispielen liegt der Schwerpunkt beim schulischen Umfeld der Schülerinnen und Schüler. Die Frage stellt sich, welche Faktoren grundsätzlich wichtig sind, damit die Voraussetzungen für einen gelingenden Förderprozess gegeben sind.

Fallbeispiel: Anna, Lea, Tanja und Dario – die Lesegruppe

Jeden zweiten Morgen trifft sich die Heilpädagogin mit vier Schülerinnen und Schülern zum gemeinsamen Lesegrüppchen. Die vier – drei Mädchen und ein Junge – sind in der Mittelstufe und kommen aus zwei verschiedenen Klassen. Sie haben die ersten Schritte des Lesenlernens erfolgreich gemeistert. Nun treffen sie sich dreimal in der Woche, jeweils vor der großen Pause, für eine Lektion und lesen gemeinsam »Oh wie schön ist Panama«, ein Bilderbuch mit Text von Janosch. Gemeinsam haben sie den Film geschaut und nun lesen sie das Buch. Darum ist der Inhalt der Geschichte schon in groben Zügen bekannt. Die zehn- bis zwölfjährigen Kinder haben vor einiger Zeit mit dem Lesen begonnen. Ein anspruchsvoller Prozess, der viel Zeit in Anspruch nimmt. Nun sitzen sie da, Anna, Lea, Tanja und Dario. Stolz sehen sie auf das Buch vor ihnen. Sie freuen sich auf die gemeinsame

Lesestunde. Anna beginnt und liest stockend den ersten Satz, dann blickt sie die anderen an und wiederholt mit eigenen Worten, was sie gelesen hat. Lea fährt weiter, bei ihr geht es schon besser. Sie liest zwei Sätze. Als sie selbst formulieren soll, was sie gelesen hat, wird deutlich, dass sie es nicht ganz verstanden hat. Tanja hilft nach. Nun kann es weitergehen. Dario ist der jüngste der Lesegruppe, auch er beteiligt sich an der Leserunde mit ein bis zwei Sätzen. So liest jeweils ein Kind je nach Niveau und erzählt in eigenen Worten, was es gelesen hat. Dann wird reihum gefragt, ob die anderen drei Kinder diese Inhalte auch verstanden haben. Ab und zu ergibt sich auch ein Gespräch darüber. Dann liest das nächste Kind und das Ganze wiederholt sich. So ist das Leseritual. Die Lehrerin hat selbstverständlich die Tigerente dabei und sie in die Mitte des Kreises gestellt. Manchmal darf sie ein Kind nach Hause nehmen und nächstes Mal wiederbringen. So lernen die Kinder auch, allmählich Verantwortung zu übernehmen.

Nach der Lesegruppe gehen die vier zusammen in die Pause und kehren anschließend wieder in ihre jeweiligen Klassen zurück. Sie kommen gerne und schätzen die Ruhe und die konzentrierte Atmosphäre. Sie sind, wie sie auch selbst sagen, sehr stolz darauf, dass sie nun schon lesen können. Dies können noch nicht alle Kinder der betreffenden Mittelstufenklassen. »Sobald sie es gelernt haben, können sie auch in unsere Lesegruppe kommen«, meint Dario.

Was sich in dieser Situation abspielt, ist mehr als nur die Förderung von Lesetechnik und Anwendung von Lesekompetenzen. Die Kinder treffen sich zum gemeinsamen Lesen eines Buches, das ihrem Niveau angemessen ist und auch Themen aufnimmt, die ihrem sozial-emotionalen Entwicklungsstand entsprechen. Sie können es unbefangen lesen und sich an den einfachen Inhalten freuen, ohne Angst, ausgelacht zu werden. Der mehr oder weniger ausgeglichene Entwicklungsstand ermöglicht es ihnen, sich auszutauschen, sich zusammen zu freuen oder auch traurig zu sein. Der beim Lesen wichtige Identifikationsprozess mit dem Inhalt ist auf ihrem Niveau möglich. So machen sie in der Lesegruppe gemeinsame emotionale, intellektuelle und soziale Erfahrungen, die das weitere gemeinsame Lernen und den Aufbau von Freundschaften befördern. Darum hat diese Lesegruppe eine weit in den Schulalltag hineinreichende Wirkung. Die Schülerinnen und Schüler sind zu Recht stolz auf »ihre Lesegruppe«. Das stärkt ihr Gefühl der Selbstwirksamkeit. Die gemeinsame Aktivität festigt auch das Gefühl sozialer Verbundenheit, des Sich-angenommen-Fühlens und Nicht-allein-Seins. Und das sind wiederum wichtige Grundlagen fürs Lernen.

Es scheint uns deshalb angebracht zu sein, hier zum einen auf die wichtige Bedeutung des *sozialen* Umfeldes für das Lernen und die Entwicklung der Persönlichkeit – auch für Menschen mit einer kognitiven Beeinträchtigung – hinzuweisen, andererseits möchten wir die Frage diskutieren, wie weit kognitiv beeinträchtigte Kinder in Regelklassen sozial tatsächlich integriert werden (können):

Viele der pädagogischen Theorien des letzten Jahrhunderts stützten sich nahezu ausschließlich auf Jean Piagets *Strukturgenetische Theorie der kognitiven Entwicklung* (1969), die das Lernen des Kindes als individuellen Prozess der Akkommodation und Assimilation beschrieb. Heute werden in der wissenschaftlichen Forschung die sozialen, emotionalen und kulturellen Einflussgrößen des Lernens wesentlich stärker gewichtet. Es ist hier nicht der Platz, genauer darauf einzugehen. Für Interessierte möchten wir u. a. auf die Werke von *Lew Vygotsky* (1987) und *Michael Tomasello* (2012) hinweisen. Selbstverständlich gelten diese Faktoren auch für Kinder mit einer kognitiven Beeinträchtigung.

Schauen wir deshalb das soziale Umfeld eines in die Regelklasse integrierten Kindes an. Trotz aller Bemühungen der beteiligten Lehrpersonen bleibt das betroffene Kind am Rande der Klassengemeinschaft. Das hat verschiedene Gründe.

Während die anderen Kinder mit der gleichen Lehrerin an den gleichen Lerninhalten arbeiten, kommt für das kognitiv behinderte Kind eine »spezielle« Lehrerin in die Unterrichtsstunden, die mit ihm an besonderen, individuell abgestimmten Lernzielen arbeitet. Ist sie nicht da, so ist es mit den zu bearbeitenden Lerninhalten und Arbeitsblättern mehr oder weniger allein gelassen. Es fehlt nicht nur die intensive Unterstützung und Begleitung durch seine vertraute Beziehungsperson, auf die es zum Weiterlernen unbedingt angewiesen ist; es fehlt auch die Gemeinsamkeit bezüglich des Lernstoffs mit den anderen Kindern, wie es am Beispiel der Lesegruppe deutlich wurde. Aber nicht nur intellektuell stehen seine Mitschülerinnen und Mitschüler an einem anderen Ort. Das zeigt sich z. B., wenn sich Kinder und Jugendliche aus der Regelklasse Erlebnisse erzählen oder einfach lustige Sprüche machen. Das kognitiv behinderte Kind wird entweder nicht oder an der falschen Stelle lachen. Hat es genügend Selbstvertrauen und erzählt selbst etwas, werden die anderen Kinder gar nicht oder nur aus

Höflichkeit ein wenig lachen, weil sie es kindisch oder gar peinlich finden und schon längst andere Themen haben. Das ist nur ein Beispiel dafür, dass sich gerade im sozialen Bereich das Nicht-wirklich-Dazugehören des kognitiv behinderten Kindes mindestens so deutlich zeigt wie im kognitiv-intellektuellen Bereich. Das wirkt sich zweifellos auch aufs Lernen aus.

Es gibt in Regelschulen durchaus interessante und bemühte Versuche, diesen sozialen Graben zwischen den behinderten und nicht behinderten Kindern zu überbrücken. So erzählte ein Lehrer, in dessen Klasse ein Kind aus der Heilpädagogischen Schule integriert war, dass er mit seinen Schülerinnen und Schülern einen geheimen Ämterplan ausgearbeitet hatte, wer jeweils die Pause mit dem kognitiv behinderten Kind verbringen soll/muss. Er hatte zuvor beobachtet, dass es stets allein auf dem Pausenplatz herumstand, ohne in die Gespräche oder das Spiel der anderen eingebunden zu sein. Er war stolz auf seine Idee, ging davon aus, dass sie das Problem auf diese Weise lösen könnten, ohne dass das behinderte Kind es merken würde. Als Heilpädagoge ist man hingegen sprachlos.

Wir sind jedoch der Meinung, dass auch Menschen mit einer Lern- bzw. kognitiven Beeinträchtigung ein Recht darauf haben, unter ihresgleichen zu sein und dort lachen und weinen zu können. Auch dann, wenn die Ausgrenzung nicht so augenfällig ist, wie es die Mutter eines autistischen Jungen in einem Leserbrief an die Zeitschrift »Beobachter« vom 10.5.2019 berichtet:

»… Zuerst musste er in eine normale Schule gehen, wo er gemobbt und geschlagen wurde. Nach langen Kämpfen kam er endlich in eine Sonderschule, in der er gefördert wurde, Freunde fand – nicht alle Autisten sind asozial – und nicht mehr depressiv war. Unser Leben nahm eine sehr positive Wende.«

Es erstaunt deshalb nicht, wenn Heilpädagoginnen und Heilpädagogen schildern, wie ehemals integrierte Kinder und vor allem Jugendliche aufblühen, wenn sie in eine Heilpädagogische Schule umplatziert werden.

Fallbeispiel: Urs – entmutigender Vergleich

Im folgenden Beispiel geht es um Urs, einen 14-jährigen Schüler, der die Heilpädagogische Schule besucht. Er befasst sich mit dem Erlernen der Uhr, ein typisches Unterrichtsthema für Schülerinnen und Schüler einer Heilpädagogischen Schule, weil es letztlich um eine Kompetenz geht, die tagtäglich gefragt ist. Zuerst werden die Schwierigkeiten beim Lernen dieses anspruchsvollen Lerngegenstandes angesprochen und auch die Frage nach dem Lernziel reflektiert. Dann stellt sich die Frage nach fördernden oder auch ungünstigen Faktoren und schließlich nach den Zielen des Lernprozesses. Im Anschluss wird versucht zu klären, welche Bedingungen Urs in einem integrierten Setting vorfinden würde.

Das Erlernen der Uhrzeit ist ein immer wiederkehrendes Problem für Schüler und Schülerinnen einer Heilpädagogischen Schule. Dies in einem doppelten Sinn: Zum einen ist die Uhr ein Gerät, das Abstraktionsvermögen erfordert, weil es den Zeit-Strom von Tag und Nacht nach einem bestimmten System gliedert und damit strukturiert. Zum anderen entspricht diese Gliederung nicht der bei uns gängigen Systematik des Dezimalsystems. Haben Schülerinnen und Schüler der Heilpädagogischen Schule den Zehner-Rhythmus, die Zehner-Übergänge usw. mehr oder weniger gut verstanden, so gilt dies (leider) bei der Einteilung der Uhr nicht, weil es sich hier um ein völlig anderes System handelt und eine Minute eben nicht 100 Sekunden, eine Stunde nicht 100 Minuten und ein Tag auch nicht 100 Stunden hat, eine Woche nicht aus 10 Tagen besteht und ein Jahr schon gar nicht aus 100 Wochen.
Es ist also klar, dass das Erfassen von Zeiteinheiten für Kinder, Jugendliche und Erwachsene mit einer kognitiven Beeinträchtigung besonders schwierig ist. Denn man kann sie nicht hören, sehen oder fühlen. Wie kann Urs nun lernen, die Uhr zu lesen? Seine Heilpädagogin berichtet, dass sie mit der Klasse – es sind sieben Oberstufenschülerinnen und -schüler – täglich das Thema der Zeit anhand von Modelluhren übt. So haben sie viele Übungsmöglichkeiten und können vom anregenden Klima des gemeinsamen Lernens am gleichen Lerngegenstand profitieren. Schließlich können die meisten die ganzen Stunden ablesen, auch Urs. Die einen prägen sich das Bild der Zeiger als Ganzes ein, die anderen erkennen die Bedeutung der Zeiger.
Es sind nur drei Kinder aus der Klasse von Urs, die den Schritt von der ganzen Stunde zur halben Stunde schaffen. Angaben zu den Viertelstunden sind nahezu unmöglich, weil dann der Abstraktionsgrad bereits zu hoch ist. So bleibt es für Urs bei den ganzen Stunden, die er am Stand des großen und kleinen Zeigers der Modelluhr nun erkennt.
Man mag einwenden, dass heute viele Kinder auch in den Regelklassen Mühe haben, analoge Uhrzeiten zu lesen. Dort ist es jedoch meistens viel früher ein Thema, in der dritten Klasse. Man könnte denken, das Erfassen digitaler Uhrzeiten sei weniger anspruchsvoll. Dem ist aber nicht so, weil

für diese Schüler und Schülerinnen sehr schwierig zu erfassen ist, was die abstrakte Angabe, wie z. B. 08:30 Uhr, zu bedeuten hat. Vielleicht ist es möglich, dass sie die Acht und auch die Dreißig erkennen und ablesen können, also einen Zahlenwert. Der Transfer zur Tageszeit ist aber damit noch lange nicht garantiert. Möglich ist jedoch, dass viele Kinder und Jugendliche mit einer kognitiven Beeinträchtigung, ganze Stunden wie z. B. 12 Uhr, 6 Uhr usw. »verstehen« können.

Dass man dann aber auch noch für die Stunden des Nachmittags weiterzählt, z. B. »13 Uhr« sagt oder auf einem Fahrplan ablesen kann, obwohl die Stundenzahlen doch bei 12 aufhören, steht dann auf einem anderen Blatt.

Bei solchen Themen geht es in der Heilpädagogik auch darum, dass man die Grenzen des Verstehens erkennen und akzeptieren lernt. Die Uhr ist besonders schwierig und so ergibt sich dann als methodischer Lösungsweg: Wir üben mit den Jugendlichen ein, andere Personen, z. B. Busfahrerinnen und Busfahrer, nach der Zeit zu fragen. Sie lernen auch zu fragen, wie viel Zeit ihnen noch verbleibt, wenn sie zu einem bestimmten Zeitpunkt an einem Ziel sein müssen, oder darum zu bitten, ihnen zu sagen, wann sie sich auf den Weg machen müssen. Damit haben sie zwar nicht die Uhr verstanden, aber erfasst, dass man an bestimmten Orten, zu bestimmten Zwecken pünktlich erscheinen soll. Und darum geht es letztendlich.

Das Beispiel zeigt, wie viel Zeit und methodisches Geschick es braucht, um bei der Arbeit mit kognitiv behinderten Kindern und Jugendlichen den Schulstoff auf dem adäquaten Niveau zu erarbeiten. Kleinschrittig, mit viel Veranschaulichung und wenn möglich unmittelbarer Erfahrung. Letztlich stellt sich dann auch die Frage, welches Ziel überhaupt erreicht werden kann.

Den Lebensalltag möglichst selbstbestimmt zu gestalten, ist sicher ein übergeordnetes Ziel, das im Förderplan für Menschen mit einer kognitiven Beeinträchtigung Priorität hat. Dazu gehört auch der Umgang mit der Zeit. Wir alle strukturieren unseren Alltag und unsere Lebensbereiche ganz selbstverständlich mit der Uhr. Voraussetzung ist, ein Gefühl für die Dauer von bestimmten Zeitspannen zu entwickeln, und es wäre von großem Vorteil, wenn alle die Uhrzeiten analog und digital kennen und lesen könnten.

Darum wird dieses Thema i.d.R., wie erwähnt, bereits in der Unterstufe, also mit acht- bis neunjährigen Kindern behandelt. Dabei geht es zunächst mehr um ein Zeiterlebnis und die Zuordnung zum Tagesablauf, aber auch einfache Uhrzeiten werden gelernt. Das Thema wird sorgfältig aufgebaut, aber eben schon in der Primarschule. Damit möchten wir auf die Problematik hinweisen, die sich bei der Integration von Kindern und Jugendlichen in die Regelschule ergeben kann und muss. Während beispielsweise ein integrierter Oberstufenschüler versucht, mit der Uhr zurechtzukommen, befassen sich seine Mitschülerinnen und Mitschüler mit algebraischen Gleichungen. Einige Tage später berechnen sie Flächen oder Volumina. Den Zahlenraum erfassen sie mit Zehnerpotenzen usw. Der integrierte Sonderschüler arbeitet daneben mit oder ohne Heilpädagogin an einem Dossier mit Arbeitsblättern, auf denen er die Uhrzeiten von Ziffernblättern eintragen soll. Wer denkt, er würde nicht realisieren, dass er stofflich »nicht dazugehört«, liegt falsch. Er ist also der Situation ausgesetzt, sich mit Themen zu befassen, von denen die Mitschülerinnen und Mitschüler wissen: »Das hatten wir auch einmal, vor Jahren!« Das ist schwächend, denn er erlebt und erfährt täglich sein Anderssein – dass er nämlich beim Denken nicht mithalten kann und nicht wirklich dazu gehört.

Zwischenhalt

Auch Menschen mit einer kognitiven Beeinträchtigung benötigen ein soziales Umfeld, in dem sie sich als gleichwertig gesehen fühlen. Sie haben ein Recht darauf. Genauso wie nicht behinderte Menschen brauchen sie die Möglichkeit, in der Schule ein Beziehungs- und Freundschaftsnetz aufbauen zu können, das ihrem sozial-emotionalen Entwicklungsstand entspricht. Das stärkt ihr Gefühl der Selbstwirksamkeit und fördert ihre Lernmotivation. Damit sind die Voraussetzungen gegeben, dass die Fördermöglichkeiten greifen und die Kinder und Jugendlichen ihre Persönlichkeit und ihr kognitives Potenzial optimal entwickeln. Auch Menschen mit einer kognitiven Beeinträchtigung haben ein Recht auf eine auf ihre besonderen Bedürfnisse ausgerichtete Bildung – am besten in einer Lerngruppe auf ähnlichem Niveau, in der man sich von gleich zu gleich unterstützen und auch wetteifern kann. Kein Kind ist Außenseiter, wie zwangsläufig in einer Regelklasse mit viel schnelleren, viel gewandteren, anderweitig inter-

essierten Kindern, die auch eine andere Sprache sprechen. Es kann hier mit seinen Kollegen und Kolleginnen auf gleicher Ebene kommunizieren und Freundschaften schließen. Es ist in Ordnung so, wie es ist.
Die beiden Beispiele zeigen, dass sich die Unterrichtsinhalte von Kindern mit einer kognitiven Beeinträchtigung sehr stark von denen der Altersgruppe in der Regelklasse unterscheiden können. Sie sind näher an ihrem Lebensalltag und holen sie bei ihrem emotionalen und kognitiven Entwicklungsstand ab. Wie im folgenden Kapitel zu zeigen sein wird, sind Methodik und Didaktik im Unterricht mit kognitiv behinderten Menschen in anderer Weise anspruchsvoll, als sie es mit »normalen« Primar- und Sekundarschülern und -schülerinnen oder gar Oberstufenschülerinnen und -schülern sind.
Es ist für viele spontan nachvollziehbar, dass die Förderung eines kognitiv beeinträchtigten Kindes oder Jugendlichen in einem darauf spezialisierten Rahmen, wie eine Heilpädagogische Schule es ist, professioneller und deshalb gezielter möglich ist. Auch dem Argument des anregenden sozialen Klimas, in welches das kognitiv behinderte Kind in der Regelklasse eingebettet sei, muss widersprochen werden. Wie das Beispiel von Urs zeigt, fehlt dabei der Blick auf den ständigen Vergleich, dem ein solches Kind ausgesetzt ist und den es sehr wohl realisiert! Diese Situation ist verletzend, schwächt die Kinder und Jugendlichen in ihrem Gefühl der Selbstwirksamkeit und beleidigt sie in ihrer Würde.

Besondere Bedürfnisse und ganzheitliche Methodik

Die folgenden drei Beispiele aus der Grundlegung von Rechenfähigkeit, vom Erleben in einem Unterrichtsprojekt und aus einem Teilbereich des Lesenlernens zeigen beispielhaft die Anforderungen auf, die ein dem Kind entsprechender Unterricht erfüllen muss. Aus der genauen Beobachtung der Entwicklungsstufe ergibt sich die Wahl der Methodik, die in einer kleinen Lerngruppe stets den Bedürfnissen der Lernenden angepasst werden kann. Die Kinder sind in einem solchen Umfeld nicht passiv Zuschauende, sondern gestalten mit. Das ist ihnen möglich, weil das Prinzip der Anschauung allen methodischen Überlegungen zugrunde liegt.

Lernspiel: Zahlenteppich – Methodik des handlungsorientierten Lernens

Eine besondere Schwierigkeit für Kinder mit kognitiven Einschränkungen oder einer Lernbehinderung ist das Erlernen des elementaren Rechnens. Hier stoßen diese Kinder schnell an Grenzen, weil Rechnen ein gewisses Maß an Abstraktionsfähigkeit verlangt – diese Fähigkeit ist bei Kindern mit kognitiven Beeinträchtigungen nur wenig ausgeprägt. Sie lieben es, die Dinge konkret, be-greifbar dargeboten zu bekommen und selbst damit handeln zu können (Handlungsebene). Die nächste Ebene, die Bildebene, ist oft schon schwieriger zu verstehen und für die abstrakten Ziffern oder die Operationszeichen (plus, minus) fehlt dann das innere Bild der entsprechenden Anzahl von Gegenständen oder einer Handlung. Die jeweils passende Konkretisierung für das Erfassen der Rechengrundlagen ist nicht immer einfach herzustellen und eine Herausforderung für die Lehrpersonen. Sie verlangt von ihnen ein besonderes Maß an steter Beobachtung und ein Einfühlungsvermögen in die Denkstrategien ihrer Kinder und damit natürlich auch ein großes Repertoire an methodisch abgestimmten Aufgabenstellungen. Eine Methodik, welche die Lernvoraussetzungen jedes Kindes genau erfasst, seine Möglichkeiten kennt und darauf aufbaut, ist unerlässlich, aber nicht ausreichend: Wie an anderen Beispielen aufgezeigt, kommt es im sozial-emotionalen Bereich auf die Einbettung in eine sichere und jederzeit greifbare Beziehung an. Ebenso wichtig ist auch eine relativ homogene Lerngruppe, in der die Kinder sich wohlfühlen und gegenseitig bestärken können. Die provokative Frage »Warum die Kinder eigentlich mit diesem Fach plagen?« kann beantwortet werden mit ihrem Recht auf adäquate Bildung und mit dem immanenten Ziel der möglichst großen Selbstständigkeit in Alltagssituationen, zu denen das Erkennen von Zahlen dazugehört, wie im folgenden Beispiel dargestellt.

Eine Heilpädagogin hat sich darauf spezialisiert, mit einer kleinen Gruppe von Kindern den Zahlbegriff zu festigen. Sie sind bezüglich des Rechnens alle auf einem ähnlichen Leistungsstand. Für diese Gruppe wendet sie ein System an, das wie Hüpfspiele auf dem Pausenhof das Zählen mit Bewegung und Anschauung verbindet. Sie legt großformatige Teppich-Quadrate (je 40 cm × 40 cm) vor den Kindern aus, auf die alle Ziffern bis zehn, später bis zwanzig groß aufgeschrieben sind, und lässt sie dann mit lautem Zählen die Zahl-Quadrate nachhüpfen. Dabei sind unzählige Spielvarianten möglich.

Fortgeschrittenere Kinder können z. B. nur die geraden Zahlen oder nur die ungeraden hüpfen, d. h. immer ein Quadrat überspringen. Dann wird zusätzlich mit dem Würfel gearbeitet. Immer mit dem Ziel, dass die Anzahl der Würfelaugen simultan erkannt und der Ziffer zugeordnet wird. Dabei wird die jeweilige Zahl laut gesprochen und wieder mit Bewegung begleitet. Die Form der Ziffer wird in die Luft »geschrieben« und benannt. Die Quadrate können natürlich auch nebeneinandergelegt werden, man kann so z. B. eine 10 »formen« usw. Den Möglichkeiten sind keine Grenzen gesetzt. Es geht »einfach« immer darum, dass die Kinder die Ziffern handelnd mit dem Zahlbegriff verbinden, weil die Übertragung auf das Papier für sie noch zu abstrakt ist. Einigen Kindern gelingt es, diese Abstraktionsebene zu erreichen. Bei anderen werden Zahlen immer etwas Fremdes bleiben, zu dem sie kaum Zugang haben werden.

Immer wieder gelingt es, einen ganz spezifischen Zugang für ein einzelnes Kind zu finden. Ein Beispiel dafür ist Markus, ein kognitiv beeinträchtigter Junge, der auch mithilfe des Zahlenteppichs kein Verständnis für die Begriffe »mehr«, »weniger« oder für die Zahlenwerte überhaupt gewann. Markus wuchs auf einem Bauernhof auf. Die Heilpädagogin ging also dorthin und fotografierte Kühe, Ziegen, Traktoren, die Melkmaschine. Nun konnte Markus die Beine einer Kuh zählen lernen, dann die Anzahl der Beine von zwei Kühen; bei drei Kühen wurde der Zehner-Übergang einbezogen. Auch die Anschlüsse der Melkmaschine zu zählen, bereitete ihm plötzlich keine Mühe mehr. Die Zahlen hatten nun etwas mit der Erfahrungswelt und dem Zuhause, mit den Eltern von Markus zu tun, sie hatten jetzt eine positive Bedeutung für ihn und nur so konnte er sich auf die Welt der Zahlen einlassen.

Das geschilderte Vorgehen der Heilpädagogin ist den Lehrpersonen der Unterstufe in der Regelklasse nicht fremd. Auch dort wird in den ersten Wochen der Zahlbegriff oft mit Bewegung und Zählversen, mit allerlei Material oder bereits bildlich mit den Würfelaugen gefestigt, z. B. werfen die Kinder große Schaumstoffwürfel und hüpfen dazu die Anzahl der Würfelaugen. Aber die Handlungen gehen von Anfang an mit dem Schreiben der Ziffern einher, die verschiedenen Ebenen werden schnell miteinander verknüpft. Auf der konkreten Ebene wird nicht lange verweilt, nur bei Einführungen wie »größer als«, »kleiner als« ist sie immer wieder zur Veranschaulichung auch der Sprechweise wichtig. Ein systematischer, gut strukturierter Aufbau erleichtert auch im Anfangsunterricht der Primarschule das Lernen. Hilfestellungen wie bei Markus, die auf die speziellen Bedürfnisse des Kindes in einfühlsamer Weise eingehen, sind jedoch weder möglich noch nötig. Auch der zeitliche Rahmen für das Lernen ist ganz anders. Die Freude am gemeinsamen Entdecken, am Verstehen und Weiterkommen zusammen mit den Kollegen und Kolleginnen in der Lerngruppe oder Klasse ist jedoch durchaus vergleichbar. Dennoch: Eine passende Lernumgebung, den auf seine spezifischen Bedürfnisse zugeschnittenen Rahmen kann ein kognitiv behindertes Kind in der Regelschule nicht finden. Sein individueller Entwicklungsstand ist ein ganz anderer. Es braucht eine auf seine Fähigkeiten fein abgestimmte Methodik, die auf dem Prinzip der Anschauung beruht.

Wie in anderen Beispielen dargestellt, ist gerade bei Mathematik der ganzheitliche Rahmen grundlegend, der dennoch sehr genau jeden Lernschritt systematisch aufbaut und täglich wiederholt. Auch hier ist eine Binnendifferenzierung für das einzelne Kind zu überlegen, sie bleibt aber an die konkrete Anschauungs- und Handlungsebene gebunden.

Die Methodik, so wichtig sie ist, bildet jedoch nur das Werkzeug. Zentral ist die sichere Beziehung zu der Lehrerin, die jedes Kind im Auge hat und immer wieder mit Mimik, Gestik oder Worten bestätigt und anleitet. Gerade Kinder mit einer kognitiven oder Lernbehinderung brauchen diese zuverlässige enge Begleitung, die ihnen die gefühlsmäßige Sicherheit gibt.

Die kleine, relativ homogene Lerngruppe, in der die Kinder sich gut kennen, befreundet und auf ihrem Niveau miteinander im Austausch sind und sich gemeinsam über kleine Erfolge freuen, ist gleichfalls Bedingung für Lernfortschritte gerade auf diesem für Kinder mit kognitiver Beeinträchtigung herausfordernden Gebiet. Eine Vereinzelung, »selbstständiges« Lernen in einer Gruppe von mit anderen Themen beschäftigten Kindern überfordert diese Kinder, setzt sie einem ständigen Unverständnis aus und verhindert die beschriebenen, für jedes einzelne Kind stärkenden Erfolgserlebnisse. Die soziale Einbindung fehlt. Integrationsprojekte speziell in diesen Fächern sind für das kognitiv behinderte Kind fatal, ja unverantwortlich.

Projekt: Küken aufziehen – Methodik des ganzheitlichen Projektunterrichts

An der Heilpädagogischen Schule werden Themen oft über lange Zeit ganzheitlich erarbeitet. Ein Beispiel für ein solches Langzeit-Unterrichtsprojekt ist das Ausbrüten von Küken aus Hühnereiern im Klassenzimmer. Der Heilpädagogin wurden von einem Bauernhof in der Nachbarschaft ein Brutkasten und befruchtete Hühnereier zur Verfügung gestellt. Die Klasse wird informiert, die Kinder untersuchen und benennen Teile des Hühnereis und beschäftigen sich mit dem, was da auf sie zukommt. Große Aufregung macht sich breit. Es handelt sich um einen älteren Brutkasten, bei dem die Eier in regelmäßigen Abständen, mindestens einmal täglich, gewendet werden müssen. Dies geschieht 21 Tage lang.

Das Ausschlüpfen der Küken wird mit Spannung erwartet. Täglich sprechen die Kinder über die Küken und das Eier-Wenden ist eine verantwortungsvolle Aufgabe. Nicht alle Kinder der Klasse trauen sich das zu oder sie lehnen die Aufgabe grundsätzlich ab, so ein Ei mit einem Lebewesen darin mit einem Schieber zu wenden. Die Eier dürfen ja nicht von Hand angefasst werden und die Drehung des Eies ist nicht ohne ein gewisses feinmotorisches Geschick zu bewerkstelligen. Aber drei Wochen sind lang und so wollen bald alle diese wichtige Aufgabe ausführen, mit Ausnahme eines Jungen, der sich standhaft weigert. Kein Ei wird in diesen drei Wochen beschädigt.

Dann kommt der Tag des Schlüpfens, der alle in große Anspannung und Aufregung versetzt. Besonders interessant ist es, dass die Küken noch in der Schale bereits beginnen zu piepen. Ob dieses Sachverhaltes geraten einige Kinder in extremes Erstaunen, was sie auch lautmalerisch zum Ausdruck bringen.

Auch das Aussehen der Küken nach dem Schlüpfen, nass und verstrubbelt, erstaunt die Schüler und Schülerinnen sehr. Dann beginnt die Aufzucht: Wasser und Futter geben, beobachten und benennen, wie sie sich entwickeln. Die Küken werden angefasst, gestreichelt und auf den Schoß genommen. Der Junge, von dem schon die Rede war, traut sich immer noch nicht, dies zu tun.

Das Gehege muss täglich gereinigt werden. Dies gilt auch für das Trink- und Futtergefäß. Diese Arbeit leisten alle Kinder problemlos, keine Selbstverständlichkeit. Sie müssen dazu auch nicht speziell aufgefordert werden. Im Gegenteil, sie machen ihre Lehrerin jeweils darauf aufmerksam, dass es bei

den Küken vor dem Mittagessen noch einiges zu tun gebe. Es ist ihre Sache geworden. Was will man als Lehrkraft mehr?
Die Lehrerin hat einen geräumigen Meerschweinchen-Käfig organisiert, damit im Sommer die Küken auch ins Freie können. Die Schülerinnen und Schüler haben große Freude daran, sie immer wieder zu beobachten. Sie bearbeiten gerne Arbeitsblätter zum Thema »Küken«. Aus unbekannten Gründen verstirbt leider ein Küken, was verständlicherweise für viel Diskussionsstoff sorgt. Das Küken wird im Wald in einer kleinen Grube unter großer Anteilnahme beerdigt.
Der erwähnte Junge ist mittlerweile soweit, dass er eines der kleinen Hühnchen mit seinen Eishockey-Handschuhen anfasst. Ein anderer Junge mit panischer Angst vor Tieren lässt es nach einiger Zeit zu, dass ein Küken bei ihm auf dem Pult spazieren geht.
Als sie groß genug sind, werden sie samt Brutapparat an die Bäuerin zurückgegeben. Wie viel haben alle Kinder beobachten, erfahren, erproben können – wie viel Verantwortung für die Aufzucht und Pflege eines Tieres konnten sie gemeinsam unter der sorgfältigen zugewandten Anleitung der Heilpädagogin übernehmen. Dies alles sind wichtige positive, emotionale und auch soziale Erfahrungen in der Gemeinschaft der Klasse, von denen die Kinder erzählen und die sie nicht vergessen.

Aus der Erziehung in der Familie ist es allgemein bekannt, dass Kleinkinder mit allen Sinnen ihre Umwelt kennenlernen – zunächst mit dem Mund, dann mit den Fingern. Die Gegenstände werden betrachtet, geschüttelt, geworfen, manche geben Geräusche von sich, die nachgeahmt werden. Heute wird vielleicht zu wenig beachtet, welch große Rolle die Bezugspersonen dabei spielen. Immer wieder sucht das Kleinkind die Vergewisserung, den zustimmenden Blick des Erwachsenen. Auch das Erfahren von Grenzen in einer ruhigen, selbstverständlichen Art ist sehr wichtig für die sichere Orientierung des Kindes bei seiner Erforschung der Umwelt. Dieses ganzheitliche Lernen wie in der Familie, das auch Heranführen an Selbstständigkeit und eigene Verantwortung bei allen Alltagsverrichtungen – Körperpflege, Ankleiden, Aufräumen usw. – bedeutet, ist in der Heilpädagogischen Schule üblich. Die Schülerinnen und Schüler sind in einem großen Maß auf solche ganzheitlichen Lernsituationen angewiesen, die von der Heilpädagogin gestaltet werden, die sie kennen, der sie vertrauen und mit der sie gern den Tag verbringen.

Das Beispiel des Projekts »Aufzucht von Küken« über Wochen hin ist ein besonders deutliches Beispiel dafür, wie und in welchen Bereichen sich Kinder mit kognitiver oder Lernbehinderung entwickeln, wenn sie in einem ganzheitlichen Lernumfeld, emotional eingebettet und durch die spezifische anschauungs- und handlungsorientierte Methodik angesprochen, lernen können.

Es ging nicht etwa nur darum, kognitiv richtige Bezeichnungen (Ei, Eierschale, Eidotter, Eiweiß, Küken usw.) zu erfahren, zuzuordnen, anzuwenden oder feinmotorische Geschicklichkeit im Wenden eines Eis zu erwerben, sondern gerade darum, mit allen Sinnen zu beobachten und mitzuerleben, Aufgaben zu übernehmen, d. h. Verantwortung immer selbstständiger zu tragen und auch tragen zu wollen. Alle Kinder waren emotional tief angesprochen. Bei jedem Kind trugen diese Wochen zu einem Stück emotionaler Reifung, zu mehr Selbstvertrauen, mehr Interesse, mehr Wissen von der Entwicklung eines Lebewesens bei. Dabei konnten auch Ängste oder Zwänge ganz nebenbei verringert werden.

Selbstverständlich hatte die Heilpädagogin jedes Kind sehr genau im Auge, gerade weil es um die Sicherheit von kleinen Tieren ging. Sie konnte jede Situation adäquat aufgreifen und mit den Kindern in verständlicher Weise kommunizieren. Fürsorge zeigen, sich einfühlen sowie Rücksicht nehmen und staunen über eine Entwicklung – es gäbe noch viele Worte, um die Qualität auf der Ebene der emotionalen Entwicklung anhand dieses Projekts zu bezeichnen. Diesem Thema waren über Wochen viele Aktivitäten gewidmet, bei denen jedes Kind in der ihm angemessenen Weise und im von ihm benötigten Zeitrahmen lernen konnte.

Lernspiel: Phonologische und auditive Bewusstheit – auf dem Weg zum Lesenlernen

Die folgenden Sprachspiele im Morgenkreis sind auch im Anfangsunterricht der Regelschule beim Leselehrgang bekannt. Im Beispiel handelt es sich um die Arbeit mit etwa acht- bis zehnjährigen Kindern einer Kleingruppe der Heilpädagogischen Schule. Es ist eine leistungsstarke Gruppe – vom Lerntempo her nicht unbedingt repräsentativ für diesen Schultyp. Auffallend ist die freudige Lernstimmung. Die Heilpädagogin kennt die einzelnen Kinder genau, weiß um ihre Stärken und Schwächen. Sie hat die Sprachspiele, differenziert auf die bereits entwickelten Fähigkeiten, kleinschrittig aufbaut. In diesem speziellen methodischen Setting ist Entwicklung möglich.

Im täglich stattfindenden Morgenkreis stellt die Heilpädagogin ein Bild vor, das die Kinder benennen sollen. Sie zeigt z. B. eine Rose. Nun zeigt sie zwei weitere Bilder, die die Kinder wieder benennen: eine Hose und einen Turm. Welches Wort-Bild reimt sich mit dem ersten Wort-Bild? »Was tönt so wie Rose?«, fragt sie und hebt das Bild hoch. Anna ruft: »Hose«, und freut sich, als die Lehrerin freundlich nickt. Dieses Spiel wird immer wieder geübt, bis es von allen Kindern verstanden worden ist; erst dann können die Bilder weggelassen und es kann auf die abstrakte Ebene des Hörens oder je nach Niveau auch des Lesens von Wörtern übergegangen werden. Die Kinder lieben diese Reimspiele.
Bei dem Spiel »Ich sehe etwas, was du nicht siehst« geht es darum, die Kinder für den Anfangslaut von Wörtern zu sensibilisieren. Das Erkennen des Anfangslautes ist für das Lesenlernen von besonderer Bedeutung. Deshalb heißt das Spiel in der Heilpädagogischen Schule »Ich sehe etwas, was du nicht siehst, und es beginnt mit E«.
So gelingt es, das Hören zu schulen und auch den Wortschatz der Kinder zu erweitern, weil ihnen dieses vielleicht noch unbekannte Wort am nächsten und übernächsten Tag erneut angeboten wird. Auch dieses Spiel wird, quasi als Ritual, jeden Morgen mit großer Freude gespielt.

Bei der folgenden Übung schulen die Kinder ihre auditive Bewusstheit. Es geht darum, dass Bilder mit Geräuschen korrekt verbunden werden. Ein Beispiel:

- *Auf einem Blatt sind untereinander fünf verschiedene Bilder (Auto, Hund, Katze, Mixer, tropfender Wasserhahn) zu sehen. Die Kinder benennen die Bilder, erst einzeln, dann gemeinsam.*
- *Die Kinder haben fünf verschiedene Farbstifte vor sich liegen.*
- *Nun müssen sie gut zuhören, weil ihnen vom Computer ein Geräusch vorgespielt wird, hier das Knattern eines Automotors.*
- *Es folgt die Anweisung, dass dieses Geräusch »blau« ist.*
- *Nun können sie den Kreis, der sich vor dem Auto auf dem Blatt befindet, blau anmalen.*

Diese Zuordnung wurde zunächst mit zwei, dann drei Bildern geübt. So kann kontrolliert werden, ob die Kinder in der Lage sind, die Zuordnung korrekt auszuführen. Eine solche Aufgabe kann nur in einer kleinen Gruppe (z. B. vier Schüler und Schülerinnen) durchgeführt werden. Es muss sehr leise sein in der Klasse, damit sich die Kinder völlig auf das betreffende Geräusch konzentrieren können. Das laute Nachahmen der Geräusche zum Schluss macht den Kindern dafür umso mehr Spaß.

Alle diese Übungen sollen die Kinder an den Lesevorgang heranführen. Lesen ist ein hochanspruchsvoller abstrakter Vorgang jenseits der konkreten Handlungs- und Bildebene. Kinder erleben ständig, dass gelesen wird – auf dem Handy, in Zeitungen oder Büchern. Schriftzüge sehen sie an jedem Geschäft, auf jeder Verpackung. Sie sind deshalb grundsätzlich neugierig und motiviert, dieses »Rätsel« kennenzulernen und damit in unsere Welt hineinzuwachsen. Die Schritte dazu sind – bei jedem einzelnen Kind verschieden – bei einem entsprechenden kognitiven Entwicklungsstand möglich.

Bei den Kindern der Heilpädagogischen Schule wird kleinschrittig eine Anbahnung dieser Fähigkeit versucht. Oft beschränkt sich das Ziel darin, ihren Namen unter anderen zu erkennen, dass Anna z. B. sagen kann: »Ich heiße Anna – mit A«. Die obigen Beispiele zeigen nur einen Teilaspekt des Lesenlernens, das phonologische Bewusstmachen und auditive Unterscheiden von Lauten. Manche Kinder lernen den gesamten Lesevorgang, i.d.R. verbunden auch mit einem Schreiblehrgang, z. B. dem Nachfahren großer Buchstaben. Andere Kinder der Heilpädagogischen Schule haben keine Lautsprache, aber sie können hören und sehen und auch auf diesem Weg an unserem Alltagsleben teilnehmen und manchmal sogar die Schriftsprache erfassen. Die Förderung ist methodisch also sehr vielfältig und muss es auch sein (vgl. Kap. 4, Fallbeispiel Mario). So hat jedes Kind die Möglichkeit, gemeinsam mit den anderen weiterzukommen und Neuland zu entdecken. Kein Kind in dieser Lerngruppe versinkt in sich oder entwickelt Verhaltensauffälligkeiten. Wären Anzeichen einer solchen Entwicklung erkennbar, gehörte es zur Verpflichtung der zuständigen Fachpersonen, die Ursachen zu finden und Wege zur Behebung zu entwickeln. Nur so wird das Kind in seiner Persönlichkeit gestärkt und die Teilhabe am gesellschaftlichen Leben möglich gemacht.

Zwischenhalt

Die drei Beispiele aus den Bereichen Leseförderung, Rechnen und Projektunterricht lassen miterleben, wie sorgfältig die emotionalen, sozialen und kognitiven Voraussetzungen, Möglichkeiten und Bedürfnisse der Kinder erfasst und aufgegriffen werden müssen, um sie angemessen fördern und ihren Anspruch auf eine adäquate Bildung erfüllen zu können. Eine »Schule für alle« sollte das im nötigen Umfang leisten können?

Menschen mit einer kognitiven Einschränkung sind viel stärker und dauerhaft auf die Einbettung des Lernens in ein Setting angewiesen, in dem die Themen sorgfältig strukturiert, anschaulich, handlungsorientiert und verknüpft mit dem jeweiligen Erfahrungshintergrund vermittelt werden. Die Abstraktionsebene z. B. des Rechnens wird nicht von allen Kindern erreicht werden. Dennoch ist das Erlernen von Vorstufen wie das geordnete Zählen von Gegenständen wichtig für das Gefühl der Selbstwirksamkeit der Lernenden. Dies drückt sich oft nicht in Worten, jedoch indirekt in der Stimmung oder der Eigenaktivität aus. Den Kindern eröffnet sich damit ein Teil der Erwachsenenwelt, die sie sehr wohl beobachten und nun ein Stück besser kennenlernen. Sie wollen weiterkommen und tätig sein können. Hier die richtigen Anforderungen, die angepasste Methodik zu wählen, braucht eine fundierte Ausbildung.

Die soziale Einbettung unter Kindern, die in unterschiedlichem Ausmaß vielfältig auf Unterstützung angewiesen sind und es bleiben werden, fördert diese positive Lernstimmung enorm. Hier können die Kinder in ihrem Tempo kommunizieren und Freundschaften schließen (vgl. Kap. 3, Fallbeispiel Urs).

In einem solchen Umfeld, das ein Thema methodisch im geeigneten Umfang, in der passenden Konkretisierung kleinschrittig mit den nötigen regelmäßigen Wiederholungen erarbeitet und festigt, sind Erfolge und Entwicklungsschritte möglich.

Dies sind die Errungenschaften einer Heilpädagogik, die immer die Entwicklungsfähigkeit betrachtet und im nötigen zeitlichen Rahmen Ziele setzt. Sie kommt damit dem Recht jedes Kindes auf Bildung nach und stellt für Menschen mit Einschränkungen spezifische Angebote bereit.

4 Gleichberechtigte Teilhabe – was heißt das in der Praxis?

Die folgenden Beispiele zeigen, wie unterschiedlich die Bedürfnisse der Kinder und Jugendlichen sind. Oft geht es um längere Lern- oder Entwicklungsprozesse, deren Anleitung und Begleitung einen langen Atem brauchen. Auch ständige Weiterbildung des begleitenden Teams gehört selbstverständlich dazu, um alle Möglichkeiten der Förderung ausschöpfen zu können. Damit die Kinder und Jugendlichen Halt und Struktur erfahren und eine möglichst große Eigenständigkeit entwickeln können, braucht es einen Verbund von Fachwissen, Engagement und Einfühlung, der nur im Team zu leisten ist. In den nächsten vier Beispielen zeigt sich, wie anspruchsvoll dieses Arbeitsfeld ist und sie verweisen gleichzeitig auf übergeordnete Fragestellungen: Welche Bildung ist für welches Kind, welchen Jugendlichen die angemessene? Und in welchen Schulstrukturen wird diese Bildung ermöglicht?

Fallbeispiel: Fredy – ein Essproblem

Fredy ist ein Junge von neun Jahren mit einer Trisomie 21. Er spielt gerne, ist meistens lustig unterwegs und alle Kinder an der Heilpädagogischen Schule mögen ihn. Er hat schon viel gelernt, seit er an der Schule ist. Aber es gibt ein großes Problem bei ihm und das ist das Essen, die Nahrungsaufnahme. Das ist eigentlich für ein Kind mit Downsyndrom unüblich, weil man ihnen nachsagt, dass sie eher zu viel essen. Bei Fredy ist dem eben nicht so. Auch Menschen mit Downsyndrom sind Individuen und haben ihre Eigenheiten. Fredy weist keine körperlichen Gebrechen auf. Er könnte ohne Weiteres, auch was seine motorische Entwicklung anbelangt, Löffel und Gabel, eventuell sogar ein Messer benutzen. Aber er tut es nicht, und zwar tut er es standhaft nicht. Er muss gefüttert werden. Dies gelingt aber jeweils nur solange, bis sein ärgster Hunger gestillt ist; dann stellt er seine Nahrungsaufnahme komplett ein und ist durch nichts mehr zu bewegen, noch ein Häppchen zu sich zu nehmen. Warum sich das so verhält, weiß man nicht.

Dieses für Fredy typische Essverhalten zeigt er unterschiedslos, auch zu Hause. Von Seiten der Mutter erhielt die Schule den Bericht, dass sie es zum einen fast nicht mehr mit Fredy aushalte, weil sie, bedingt durch sein Essverhalten, nervlich zu sehr gestresst sei. Jeden Tag dieser Kampf mit ihrem

Jungen! Zum anderen informierte sie darüber, dass Fredys Blutwerte nicht mehr in Ordnung seien. Ob der Junge nicht genug zu essen bekomme, habe der Arzt nachgefragt. Denn die einzige Nahrung, mit der Fredy sich füttern ließ, waren Fruchtjoghurts, zur großen Sorge seiner Eltern.

Das Essverhalten von Fredy war zum wiederholten Male sowohl Gegenstand bei internen Team-Sitzungen als natürlich auch bei den Standortgesprächen mit den Eltern. Es wurden auch Sitzungen in kleinerem Rahmen durchgeführt, bei denen jeweils die Klassenlehrerin als Heilpädagogin mit mehrjähriger Berufserfahrung, eine Ergotherapeutin und eine Logopädin anwesend waren. Letztere hatte zudem eine Zusatzausbildung in »Essen-Kauen-Schlucken« absolviert.

Auf die verzweifelte Frage von Fredis Mutter, was zu tun sei, wurde erwogen, Fredy eine Magen-Sonde, eine sog. Peg-Sonde zu legen. Diese perkutane endoskopische Gastrostomie (Peg) ist ein endoskopisch angelegter künstlicher Zugang, der von außen durch die Bauchdecke in den Magen gelegt wird. Diese Peg-Sonde ist im Grunde einfach zu bedienen. Fredy würde einfach zu jeder Mahlzeit eine abgewogene Menge einer Spezialnahrung in den Magen gespritzt bekommen. Aber eigentlich wollte die Mutter das nicht und der Arzt meinte auch, dass ja an den Kau-Organen, an der Speiseröhre usw. keine Auffälligkeiten hätten festgestellt werden können.

Einmal mehr ging es in einer Team-Sitzung um Fredy und das Essen. Die Heilpädagogin erzählte, dass sie von ähnlichen Fällen gelesen habe und dass es ein Konzept gebe, nach dem man solchen Kindern zwar ihr Lieblingsessen vorsetze, aber niemand sie füttere. Das Lieblingsessen bliebe einfach auf dem Tisch. Letztlich hätten die Kinder jeweils der Versuchung nicht mehr widerstehen können und begonnen, ihre Lieblingsspeise selbstständig zu sich zu nehmen. So das vorgestellte Konzept. Das Team diskutierte es untereinander. Allen war klar, dass es keinesfalls mit Drängen oder gar Zwang verbunden sein dürfe, es durfte auch kein Machtkampf werden, wie man es mindestens vom Hörensagen her von älteren, autoritären Erziehungsstilen kannte. Im Gegenteil, es ging darum, einen lang eingespielten, unglückseligen Ablauf durch ein neues Setting zu durchbrechen. Dabei war eine gute Stimmung seitens der Heilpädagogin unbedingte Voraussetzung. Die Frage war nun, ob das Team bereit sei, dass sich die betreffende Kollegin aus dem Klassengeschehen, der täglichen Arbeit ausklinken und stundenlang, so stellte man sich vor, mit Fredy am Tisch sitzen und ihn begleiten würde, bis er anfing,

selbstständig den Fruchtjoghurt zu essen. Das war nämlich als seine Lieblingsspeise deklariert worden.
Das Procedere begann und alle waren gespannt, ob Fredy den erhofften Schritt machen würde. Sie setzten natürlich auf seinen Hunger als motivierenden Faktor. Der ganze Plan war für alle mit erheblichem Aufwand verbunden, denn er erstreckte sich über die Schule hinaus auch auf das Zuhause. Die Heilpädagogin würde mit Fredy jeweils mit dem Sammeltransport nach Hause fahren. Sie würde erst nach Hause gehen, wenn er ins Bett ging. Fredy würde auch nicht aufgefordert, sich mit den anderen zusammen an den Tisch zu setzen, wenn sie aßen. Sondern er könne spielen oder sich anderweitig beschäftigen. Für Fredy gehörte ja zu den alltäglichen Essenssituationen das Gefüttert-Werden und diese Routine sollte durchbrochen werden.
Der erste Tag verging und Fredy rührte den Joghurt nicht an. Am zweiten Tag wurden alle doch etwas unruhig, aber Fredy hielt stand und rührte den Becher mit dem daneben liegenden Löffel nicht an. Immer wieder fragte jemand nach: Hat er schon – oder hat er noch nicht? Nein, er hat noch nicht. Am dritten Tag, so gegen die Mittagszeit, griff er zum Löffel, schaute die Heilpädagogin an und begann ungelenk, sich das Joghurt in und um den Mund herum reinzulöffeln. Hurra, wir hatten es geschafft! Fredy hatte es geschafft!
In den kommenden Wochen wurde sein Essverhalten immer geschickter und auch zu Hause funktionierte es. Die Mutter war überglücklich und weinte vor Freude. Die Peg-Sonde war kein Thema mehr. Gut, zugegeben, der Transfer vom Löffel zur Gabel dauerte dann schon noch Monate, aber das spielte keine so große Rolle mehr. Interessanterweise war es dann Salat, von dem der Fruchtjoghurt abgelöst wurde, dann kamen Teigwaren dran, und heute spricht niemand mehr davon, dass Fredy nur Fruchtjoghurt isst. Seine Blutwerte sind im Normbereich.

Was machte diese Wende möglich?
Fredy wird in der Heilpädagogischen Schule in einer Klasse von maximal acht Kindern unterrichtet. Das ist die in diesen Schulen übliche Gruppengröße. Handelt es sich um schwer- und mehrfachbehinderte Kinder, sind es meist nur vier Kinder. So kann individuell auf die Bedürfnisse jedes einzelnen Kindes eingegangen werden. Oft übernehmen heilpädagogische und sozialpädagogische Fachkräfte sowie eventuell eine Fachperson-Betreuung (allenfalls noch in Ausbildung) und möglicherweise jemand aus

dem Zivildienst gemeinsam diese Aufgabe. Das erfordert eine enge Zusammenarbeit, gemeinsame örtliche Präsenz und sorgfältige Absprachen aller Beteiligten, damit die Förderung der Kinder konsistent gewährleistet ist. Sie erleben das Kind in verschiedenen Situationen, machen unterschiedliche Beobachtungen und Erfahrungen und gestalten ihre Beziehung zum Kind in je eigener Weise. So kommen spezifische Fachkenntnisse und Erfahrungen aus unterschiedlichen Bereichen zusammen. Probleme können frühzeitig erkannt und durch eine sorgfältige Förderplanung angegangen werden.

Fredys Problem ist für ein Downsyndrom-Kind eher ungewöhnlich. Umso mehr braucht es Feingefühl, Kreativität, Beharrlichkeit und zeitliche Präsenz, damit es erkannt und gelöst werden kann. Dank der Begleitung durch den Schulalltag und den häufigen Gesprächen mit der Mutter wurde das Problem überhaupt sichtbar. Gerade bei Kindern mit einer kognitiven Beeinträchtigung geht es im Übrigen – nebst einer differenzierten intellektuellen Förderung – oft um Alltagskompetenzen, die sie sich aneignen müssen. Seien dies Rituale und Gepflogenheiten beim Essen oder auch in zwischenmenschlichen Beziehungen. Das ermöglicht und erleichtert ihnen die soziale Teilhabe in ihrem größeren Umfeld.

Weitreichende Auswirkungen

Das Essproblem von Fredy macht es deutlich: Durch die sorgfältige und feinfühlig durchdachte Intervention der Heilpädagogin fand er zu einem normalen Essverhalten. So kann er auch von anderen Kindern eingeladen werden und Freundschaften pflegen, ohne dass es zu Problemen kommt. Er ist beliebt und man hat es lustig mit ihm. Er hat sich nun gute Voraussetzungen geschaffen, sich in einem sozialen Umfeld einzufinden. Das ist selbstverständlich auch im Hinblick auf seine Zukunft als Erwachsener wichtig.

Wie man bei Fredy sieht, sind oft keine schnellen Lösungen möglich. Es muss mit Rückschlägen und Komplikationen gerechnet werden. In jedem Fall ist ein verbindlicher Beziehungsaufbau wichtig als entscheidendes Agens der Veränderung. Dazu braucht es ein überschaubares, umfassendes Beziehungsangebot. Nur so war eine Intervention, wie sie bei Fredy angesagt war, überhaupt erst möglich.

Fallbeispiel: Mario – späte Entdeckung kognitiver Fähigkeiten

Mario ist ein sehr stark körperbehinderter Jugendlicher. Er besuchte 14 Jahre lang von der Kindergarten- bis zur Oberstufe die Heilpädagogische Schule. Tagsüber saß er in einem eigens für ihn angepassten Rollstuhl. Mario litt immer wieder unter starken Spasmen und konnte auch keine Sprache entwickeln. Sein kognitiver Entwicklungsstand ließ sich nicht feststellen, weil er dazu keinerlei Rückmeldungen geben konnte. Man wusste also nie, was er verstanden hatte, geschweige denn, was er wollte oder vielleicht auch nicht wollte. Im Laufe der Jahre hatte man viel versucht und kam letztlich zum Schluss, dass mit Mario seitens der Lehrpersonen und der Eltern keine Kommunikation möglich war; man verlegte die Förderziele auf andere Bereiche. Eines Tages berichtete jedoch eine Heilpädagogin, dass bei Mario intensive Augenbewegungen festzustellen seien. Dies sei ihr aufgefallen. »Gut, aber was bedeutet das?«, war die übereinstimmende Frage im Team. Das war niemandem klar. Die Heilpädagogin ließ ihre Beobachtung nicht los und sie überlegte Möglichkeiten, mehr Klarheit zu bekommen. Eines Tages zeigte sie Mario mit ausgestreckten Armen auf der einen Seite eine Banane und auf der anderen Seite einen Apfel. Alle wussten, dass Mario gerne Obst aß, nie genug davon bekommen konnte und bei einem entsprechenden Wunsch immer wieder in der ihm eigenen Art den Mund öffnete. Er konnte sich nicht anders ausdrücken, denn er hatte keine Kontrolle über seine Arme, Hände und Finger.

Die Heilpädagogin stellte also fest, dass Mario seinen Blick immer wieder auf die Banane richtete. Es konnte sein, dass er so einen Wunsch ausdrücken wollte, und darum bekam er die Banane. Das schien eine bisher nicht entdeckte Möglichkeit zu sein, mit Mario zu kommunizieren und ihm eine Entscheidung zu erlauben. Es war damit möglich, Mario zu fragen, ob er lieber einen Apfel oder eine Banane wolle. Man fragte zuerst: »Banane?«, schaute ihn an und er drehte seine Augen nach rechts. Das hieß dann: ja. Die Kontrollfrage war: »Apfel?« Mario drehte die Augen nach links und das hieß offensichtlich: nein.

Dieser erdrutschartige Fortschritt war wochenlang DAS Tagesgespräch an der Schule. Die Eltern wurden informiert. Es war allen klar, dass Mario keineswegs kognitiv behindert ist, wie man vermutet hatte, sondern sehr wohl verstand, was in seiner Umgebung gesprochen wurde, und das wohl schon seit einigen Jahren. Das löste auch Betroffenheit aus. Glücklicherweise war dies nun durch die sorgfältige Beobachtung der Heilpädagogin erkannt worden. Selbstverständlich wurde das Förderprogramm neu ausgerichtet. Mario wurde fortan jeden Tag mit verschiedenen Inhalten und Fragen konfrontiert. Sie mussten so gestellt sein, dass er mit seinen Augen die Zeichen für ein Ja oder Nein als Antwort geben konnte. Nun wurde es möglich, ihn zu fragen, ob es ihm gut oder schlecht gehe, ob er noch weitermachen oder eine Pause wolle, ob es ihm zu kalt oder zu warm sei usw. Eine neue Welt tat sich auf.

Mario erlernte sogar die Buchstaben. Auf folgende Weise konnte man mit ihm auch das Lesen in Angriff nehmen – man glaubt es kaum und doch ist es wahr! Die Lehrerin sprach ihm ein Wort vor, z. B. Oma oder den Namen seines über alles geliebten Bruders. Dann legte sie eine Anzahl Buchstaben vor Mario hin, sodass er alle Buchstaben überblicken konnte, und teilte diese Menge in zwei Teile. Danach fragte sie Mario, ob der Buchstabe im einen oder im anderen Teil liege. Mario gab die korrekte Antwort und nun konnte der Buchstabe in einigen Durchgängen aussortiert werden. Nach dem gleichen Prinzip wurden auch die weiteren Buchstaben gefunden, bis das ganze Wort vorlag. Nach diesem erfolgversprechenden Vorgehen suchte man in der Schule nach weiteren Möglichkeiten, wie Mario unterstützt werden konnte, sein kognitives Potenzial auszuschöpfen.

Schließlich wurde eine Fahrt mit Mario nach Neuenburg zur »Fondation Suisse pour les Téléthèses (FST)« geplant. Dort hatte man ein Computersystem entwickelt, mit dem Menschen mit einer Behinderung mittels Augenkontrolle einen Computer steuern konnten. Eine großartige Möglichkeit, doch leider funktionierte dieses System bei Mario nicht. Voraussetzung war, dass er den Kopf ruhig halten konnte. Sonst konnte die Kamera des Computers die Augenbefehle nicht klar decodieren. Mario konnte das nicht. Als man seinen Kopf fixierte, löste das bei ihm ein so starkes Unwohlsein aus, dass man dieses Projekt abbrechen musste. Dennoch war man einen wichtigen Schritt weitergekommen. Nicht nur konnte Mario seine kognitiven Möglichkeiten besser nutzen, sondern die Heilpädagogin hatte auch einen Weg gefunden, wie er mittels Sprache mit seinen Mitmenschen kommunizieren konnte. Das erhöhte sicherlich seine Lebensqualität. Heute lebt Mario in einer Institution für erwachsene Menschen mit schwerer kognitiver Beeinträchtigung. Weil man jedoch weiß, dass er Sprache versteht, ist auch hier eine auf ihn zugeschnittene Kommunikation möglich, wie es seinen Möglichkeiten entspricht.

Kreative Wege

Das Beispiel zeigt, wie anspruchsvoll es sein kann, einen Zugang zu Menschen wie Mario zu finden. Oft sind bei ihnen versteckte Ressourcen vorhanden, die entdeckt werden müssen. Es gehört zum Aufgabenbereich von Heilpädagogischen Schulen, Angebote zu finden, die genau auf die individuellen Bedürfnisse und Möglichkeiten der Kinder und Jugendlichen zugeschnitten sind. Das ist nicht leicht und setzt spezifisches Wissen voraus, z. B. dass eine Körperbehinderung nicht zwingend eine kognitive Beeinträchtigung einschließt, was fälschlicherweise von fachfremden Personen oft angenommen wird. So wird es zu einem wichtigen Aufgabenfeld, kreative Wege zu finden, wie das vorhandene Potenzial entdeckt und gefördert werden kann. Seitens der heilpädagogischen Fachperson erfordert das nicht nur ein echtes Interesse an der Förderung und dem Fortschritt des anvertrauten Kindes, sondern auch viel Geduld, Beharrlichkeit, Achtsamkeit und Optimismus. Das ist nur möglich, wenn der entsprechende Rahmen dafür gegeben ist. »Eine Schule für alle?« Für Mario? Weit gefehlt!

Fallbeispiel: Karin – unterstützte Kommunikation

Karin, eine 16-jährige Jugendliche, ist häufig in der Küche. Sie hilft gern beim Kuchenbacken, am liebsten bereitet sie Obstkuchen (Wähen) vor. So entsteht der Plan, ihr dies selbstständig zu ermöglichen. Sie kann aber kaum lesen und sich auch Abläufe nur schlecht merken.

Die Heilpädagogin überlegt sich, wie sie methodisch vorgehen kann, damit Karin das Kuchenbacken lernt. Sie fotografiert dafür gemeinsam mit Karin alle Gerätschaften, alle benötigten Zutaten und sämtliche Arbeitsschritte auf einem jeweils neutralen Hintergrund (der nicht von der eindeutigen Zuordnung ablenkt). Sie laminiert die Fotos und legt sie in drei Ordner ab Ordner 1 enthält die Fotos der Gerätschaften, die Karin bereitstellen muss. In Ordner 2 befinden sich die Bilder aller Zutaten in der Reihenfolge ihres Gebrauchs und im Ordner 3 sind die einzelnen Arbeitsschritte in Bildern dokumentiert. Karin kann sich nun beim Backen an den Fotos orientieren. Der Lernprozess des Backvorgangs dauert fast ein halbes Jahr und nimmt pro Woche einen halben Tag in Anspruch.

Die ersten Wochen wird Karin ganz eng begleitet, sodass sie sich an die Arbeitsweise mit den Fotos gewöhnen kann. Mit der Zeit wird die Begleitung gelockert und Karin arbeitet immer selbstständiger. Die Heilpädagogin kontrolliert nur noch, ob sie die jeweilige Reihenfolge einhält. Nach einigen

Wochen erledigt Karin die Vorbereitung für die Herstellung des Obstkuchens (mise-en-place) selbstständig. Bei der Handhabung der Zutaten und Geräte wird sie nach wie vor – wenn auch auf Distanz – begleitet. Nach einem halben Jahr ist es soweit. Karin kann nun nahezu selbstständig eine solche Wähe herstellen. Das macht ihr sichtlich Freude und von nun an backt sie über Monate jede Woche. Sie erhält natürlich viel Lob und ist stolz, dass sie diesen Obstkuchen allein, ohne Hilfestellung backen kann. Das steckt auch die anderen Kinder ihrer Gruppe an. Sie wünschen, diese Bilderserie auch zu erhalten, um zu Hause selbstständig einen Obstkuchen backen zu können. Was sie offensichtlich auch machen. Die Eltern berichten immer wieder von kleineren und größeren Erfolgen.

»Unterstützte Kommunikation« – im zwischenmenschlichen Kontext

Damit Karin zu Erfolg kam, war ein erheblicher Aufwand mit vielen kleinen, aber unersetzlichen Schritten nötig. So mussten z. B. die Zutaten stets in der gleichen Verpackung eingekauft werden. Karin hätte sie sonst nicht erkannt und ihr Vorhaben wäre zum Scheitern verurteilt gewesen. Die Heilpädagogin griff in ihrem methodisch-didaktischen Vorgehen auf die Methode der »Unterstützten Kommunikation« zurück. So konnte sie Karin ermöglichen, den Arbeitsvorgang des Kuchenbackens Schritt für Schritt nachzuvollziehen. Dieses Vorgehen ist in der Arbeit mit Menschen mit einer kognitiven Beeinträchtigung schon seit langen Jahren üblich, z. B. können Piktogramme und Symboltafeln eine wichtige Funktion beim Eintrainieren alltäglicher Routinen übernehmen oder die Lautsprache wird durch das Gebärden von Schlüsselwörtern ergänzt. Heute werden auch technische und digitale Hilfsmittel zur »Unterstützten Kommunikation« eingesetzt. Beispiele dafür sind Sprachausgabegeräte, speziell ausgerüstete Tastaturen, sprechende Tasten oder Taster, die mit wenig Kraft und geringer körperlicher Aktivität bedient werden können. Aber »Unterstützte Kommunikation« muss immer eingebunden sein in einen zwischenmenschlichen Kontext. Auch bei Menschen mit einer kognitiven Beeinträchtigung gilt, was aus der modernen Lernforschung bekannt ist: Der entscheidende Faktor für erfolgreiches Lernen ist die Beziehung. Angepasst an die individuelle Situation müssen Möglichkeiten geschaffen werden, mit denen der Lernprozess erleichtert und Beeinträchtigungen in der Kommunikation abgemildert werden können.

Selbstvertrauen für die eigene Zukunft

Bei Karin stand das durch »Unterstützte Kommunikation« begleitete Backen im Kontext einer möglichst eigenständigen Zukunftsgestaltung. Sie würde schon bald aus der Heilpädagogischen Schule austreten und auch von zu Hause ausziehen. Karin wollte in eine Wohngemeinschaft einziehen, in der sie gemeinsam mit anderen Jugendlichen, die kognitiv beeinträchtigt sind, leben und ihren Alltag gestalten würde. Sie hatte schon einige Schnuppertage hinter sich und freute sich auf den neuen Schritt. Gleichzeitig war auch eine eventuelle Beschäftigung in der Küche eines Wohnheims angedacht. Man kann sich auch als fachfremde Person vorstellen, dass ein solcher Schritt viel Planung braucht und von vielen Stolpersteinen begleitet sein kann. Selbstverständlich erlangt Karin durch den ganzen Prozess nicht nur mehr Selbstständigkeit, sondern gewinnt auch mehr Vertrauen in ihre eigenen Fähigkeiten. Das ist eine wichtige Voraussetzung für ein möglichst selbstbestimmtes Leben, das jedoch die individuellen Bedürfnisse und Möglichkeiten berücksichtigt.

Fallbeispiel: Nathan – schwerste geistige und mehrfache Beeinträchtigung

In der Öffentlichkeit, selbst in den Schulgemeinden, ist oft wenig bekannt, welchen besonderen methodischen, aber auch pflegerischen Einsatz die Mitarbeitenden der heilpädagogischen Schulen leisten – Sachkenntnisse und Engagement nicht nur pädagogischer Art sind dafür nötig. Der Schulalltag in einer solchen Klasse unterscheidet sich vollständig von dem einer Regelschulklasse.

Kooperation mit den Behörden

Die Schulpflege einer Nachbargemeinde, aus der Nathan, ein schwerstbehinderter Junge, in die Heilpädagogische Schule aufgenommen worden war, wollte sich bei der Schule über die Fortschritte ihres Schülers informieren. Im Telefongespräch wurde schnell deutlich, dass der Schulpflege[1] *die Schwere der Behinderung nicht bekannt war. Deshalb lud der Schulleiter sie zu einem baldigen Besuch in der Schule ein. Die Idee fand Anklang, ein Termin wurde vereinbart. Der Schulleiter empfing die Gäste und begleitete sie in das Schulzimmer. Die kognitiv stärkeren Schüler und Schülerinnen der Klasse*

1 Schulpflege ist in der Schweiz die vom Volk gewählte Laienaufsicht der Schulen. Sie hat die strategische Führung und plant langfristige Projekte.

waren auf den Besuch vorbereitet und begrüßten die beiden Gäste freundlich. Der betreffende Junge lag wie immer in seinem Bett, das ebenfalls im Schulzimmer stand. Er konnte nicht gehen, nicht selbstständig sitzen, sprach nicht und konnte auch keinen Blickkontakt aufnehmen. Für seine Ernährung brauchte er eine Sonde. Um ihm beim Atmen etwas Erleichterung zu verschaffen, musste er regelmäßig inhalieren, wofür ihm eine Gesichtsmaske angelegt wurde. Mithilfe eines kleinen Apparates, an dem ein Röhrchen angeschlossen war, musste ihm manuell Schleim aus dem Mund abgesaugt werden. Gerade solche Tätigkeiten sind bei der Betreuung und Pflege sehr anspruchsvoll und können durchaus mit Ekelgefühlen verbunden sein. Es gehört jedoch zum Arbeitsauftrag der heilpädagogischen Fachkraft, dass sie sich mit solchen Gefühlen auseinandersetzt und lernt, in professioneller Art und Weise damit umzugehen.

Die beiden Gäste waren auf die Situation nicht gefasst und mussten den unerwarteten, sie erschreckenden Eindruck dieses schwerstbehinderten Jungen erst verarbeiten. Sie verstanden nun, warum er in dieser Schule war und weshalb die Betreuung des Jungen, die täglichen spezifischen Fördermaßnahmen bzw. die unterschiedlichen Therapien unbedingt erforderlich und entsprechend kostenaufwendig waren. Sie zeigten sich tief beeindruckt von der Arbeit der Schule und waren froh, dass der Junge dort so liebevoll und kompetent betreut wurde. So verabschiedeten sie sich bald wieder, nicht ohne dem Team für den außerordentlichen Einsatz, den es leistete, zu danken. Die Frage, ob der Junge hier richtig platziert war, stand künftig nicht mehr zur Diskussion.

Leider starb er etwa ein Jahr später. Die Kinder der Klasse waren sehr traurig. Er hatte zu ihnen gehört, sie hatten Anteil genommen und nun war er nicht mehr da. Sie vermissten ihn.

Ein solches schwerst- und mehrfach behindertes Kind wird natürlich keinen Platz in einer Regelschule finden, aus verständlichen Gründen. Ein Kind, das so viel Pflege braucht, hat Ruhepausen nötig und kann die Unruhe in einer Regelklasse mit mehr als 20 Kindern keinesfalls ertragen. Auch sind solche pflegerischen Aufgaben vor den Augen von »normalen« Kindern nicht zu leisten. Kinder und Lehrpersonen wären völlig überfordert, ein geregelter Unterricht wäre so nicht möglich.

Auch an den Heilpädagogischen Schulen sind nicht überall ein Platz und eine Möglichkeit zu finden, ein so intensiv zu betreuendes Kind aufzunehmen. In dieser Klasse wurde es in beeindruckender Weise geleistet.

Es ist ja bekannt, dass solche Kinder ihre Umgebung durchaus wahrnehmen, auch wenn sie sich dazu nicht äußern können. Die übrigen Kinder waren einbezogen, nahmen Anteil und trauerten, als das Ende gekommen war.

Die Schwere dieser Aufgabe war offenbar der Schulpflege der überweisenden Gemeinde nicht bekannt. Man ging dort von einer leichten Behinderung aus und wollte Fortschritte sehen.

Selbstverständlich ging es in der Gemeinde auch um die Haushaltsführung. Ein solcher Schulplatz mit einem sehr hohen Pflegeaufwand ist nicht umsonst zu haben und es kommt hinzu, dass die gestiegene Anzahl der Therapien, der höhere Bedarf an Sonderschulung, gerade auch an Regelschulen, das Budget der Gemeinden zunehmend belastet. Die Integration hat sich nicht als Sparmodell erwiesen. Dieser Bereich ist nach wie vor ein großer Kostenfaktor geblieben (vgl. Sahli Lozano et al. 2021, S. 172).

So ist die Sorge der Schulpflegerinnen und Schulpfleger einerseits berechtigt und durchaus verständlich. Sie zeugt jedoch auch von einer weit verbreiteten, allgemeinen Unkenntnis dieses Bereichs, der mehr Aufmerksamkeit und grundlegende Überlegungen auch auf Behördenebene erfordern würde. Es kommt hinzu, dass es in Zukunft vermehrt solche schwerstbehinderten Kinder geben wird, da diese aufgrund der Hochtechnologie-Medizin heute wesentlich größere Überlebenschancen haben.

Im beschriebenen Einzelfall war die Frage mit dem Besuch gelöst. Es geht jedoch ganz allgemein um mehr Einsicht in das Recht auf adäquate Bildung und Förderung von im Lernen beeinträchtigten Kindern. Leider steht die Pauschalforderung nach Integration/Inklusion einem Umdenken immer wieder entgegen.

Zwischenhalt

Die vier Beispiele zeigen im Detail, wie anspruchsvoll die Tätigkeit der Teams an den Heilpädagogischen Schulen ist. Eine personell, fachlich, räumlich und organisatorisch weniger gut ausgestattete Schule könnte den geschilderten Anforderungen keinesfalls gerecht werden. Es liegt auf der Hand, dass eine Heilpädagogin, die im Rahmen einer Regelklasse einige Stunden (vier bis acht Unterrichtseinheiten) Zeit für ein Kind hat, eine solche Arbeit nicht leisten kann. Im ersten Beispiel geht es bei der Auflösung eines

Essproblems um eine fein abgestimmte Intervention, die große fachliche und menschliche Kompetenzen der Lehrpersonen voraussetzt. Das nächste Beispiel lässt miterleben, welcher Rahmen für das Erkennen von Anzeichen kognitiver Fähigkeiten gegeben sein muss: Heilpädagogische Schulen sind auf die Erfüllung eines solchen komplexen Bildungsauftrags gegenüber Menschen mit Behinderung eingerichtet. Das dritte Beispiel zeigt den langen Weg zum Erwerb einer Alltagsfähigkeit, die zu mehr Selbstständigkeit und Selbstwertgefühl verhilft und eine Zukunftsperspektive eröffnet.

Das letzte Beispiel schließlich klärt auf, mit welchen pflegerischen Aufgaben der Unterricht an einer Heilpädagogischen Schule verbunden sein kann.

Insgesamt lassen die Praxisbeispiele die Breite der anspruchsvollen Tätigkeit an der Heilpädagogischen Schule erkennen und zeichnen ein realistisches Bild, mit welch großem Fachwissen und Engagement auf die spezifischen Bedürfnisse von Menschen mit Behinderung in diesen Schulen eingegangen werden kann.

Dass diese Förder- und Pflegeaufgaben an einer Regelschule nicht zu leisten sind, steht außer Zweifel. Auch bei weniger eindeutigen Beispielen bleibt die Frage nach der jeweils passenden Schulung.

Die UN-Behindertenrechtskonvention fordert die gleichberechtigte Teilnahme aller Menschen am gesellschaftlichen Umfeld und ein möglichst selbstbestimmtes Leben. Diese Ziele sind integrativer Bestandteil Heilpädagogischer Schulen. Sie werden damit den Bedürfnissen der Menschen mit Behinderung gerecht. Es gilt – advokatorischer Ethik verpflichtet –, von fachfremden Erwartungen geleiteten Integrationsprogrammen die Realität entgegenzusetzen und Behinderung nicht zu bagatellisieren.

Eine breitere Information auch auf Behördenebene könnte zu einem Umdenken in der Frage der passenden Schulung behinderter bzw. schwerstbehinderter Kinder und Jugendlichen führen.

5 Gemeinsam mit den Eltern die Chance nutzen

Viele Kinder und Jugendliche mit einer kognitiven Beeinträchtigung, die in einen Regelkindergarten oder eine Regelschule integriert wurden, werden nach einiger Zeit dann doch in einer Heilpädagogischen Schule angemeldet. Warum? Das Beispiel von Melanie soll es beantworten. Gleichzeitig zeigt es die große Bedeutung der Zusammenarbeit zwischen Schule und Elternhaus. Die Frage »Was steht an? Wohin soll die Entwicklung gehen?« lässt sich im gegenseitigen Austausch besser beantworten – bei allen Kindern und umso mehr bei Kindern, die besondere Unterstützung brauchen.

Fallbeispiel: Mehr Selbstständigkeit für Melanie

Gespräche mit Eltern, Heilpädagoginnen und Heilpädagogen haben ergeben, dass es bei den Eltern oft einen längeren Prozess braucht, bis sie sich zum Wechsel ihres Kindes von der Regelschule in eine Heilpädagogische Schule überwinden. Zu verlockend ist die Hoffnung auf Normalität, wie es im folgenden Beispiel die Eltern von Melanie zum Ausdruck bringen.

Melanie wurde mit einer Trisomie 21 (Downsyndrom) geboren. Bei der Frage des Kindergartens stand für die Eltern die Entscheidung zwischen Heilpädagogischem und Regelkindergarten an. Der Schulpsychologische Dienst hatte sich nicht unbedingt für einen Regelkindergarten ausgesprochen. Aber als sich dann das Team eines Regelkindergartens bereit erklärte, Melanie zu integrieren, habe es für sie kein Zögern mehr gegeben; sie meldeten ihre Tochter definitiv dort an.

Auf die Frage des Schulleiters der Heilpädagogischen Schule, warum sie sich nach zwei Jahren doch für den Übertritt ihrer Tochter in eine Sonderschule entschieden hätten, antworteten die Eltern, dass es hierfür mehrere Gründe gebe. Zum einen sei Melanie in diesem Kindergarten liebevoll, aber wie ein Baby behandelt und von allen Anforderungen verschont worden. Das habe sich negativ auf ihr Mitmachen zu Hause ausgewirkt. Sie sei immer verwöhnter geworden. Eine Erziehung, und die sei doch gerade auch für Melanie wichtig, sei kaum noch möglich gewesen. Der Alltag zu Hause sei schwierig geworden. Ihre Tochter habe sich z. B. die Schuhe nicht mehr selbst angezogen, weil ihr jeweils die Kindergärtnerin oder ein anderes Kind schnell »geholfen« hätten. Sie vermuteten, dass Melanie diese Fertigkeit, die sie ihr als Eltern zusammen mit der Frühförderung Schritt für Schritt beigebracht hatten, in der Zwischenzeit vielleicht gar nicht mehr beherrsche. Das könne doch wirklich nicht sein! Auch ihre Sprache habe sich verändert, sie spreche nur noch undeutlich, habe sich wieder ihre Babysprache angewöhnt, über die sie längst hinweg gewesen sei. Vermutlich erhalte sie dadurch im Regelkindergarten noch mehr Hilfe und Zuwendung.

Melanie besuchte zusätzlich zum Regelkindergarten einmal in der Woche eine Spielgruppe, die von der Elternvereinigung für Eltern mit einem Down-Syndrom-Kind eingerichtet worden war. Das Schlimmste für die Eltern sei es gewesen, dort festzustellen, dass Melanie im Vergleich zu den anderen Kindern viel weniger Fortschritte gemacht hatte, was sie auf eine mangelnde Förderung zurückführten. Melanie habe noch dazu merken lassen, dass sie keine Lust habe, mit diesen »komischen Kindern« zu spielen. Dabei sei sie doch eines von ihnen. Auch habe die Mutter feststellen müssen, dass andere Kinder dieser Gruppe, die eine Heilpädagogische Schule besuchten, wesentlich größere Fortschritte gemacht hätten. Ihr Mann habe ihre Beobachtung etwas heruntergespielt und gemeint, das werde sich schon noch geben. Es sei doch schön, dass sie sich bei den anderen Kindern in der Primarschule wohlfühle. Ob sie viel oder weniger lerne, sei ihm eigentlich egal. Er fügte an, dass seine Tochter ohnehin keine normale Entwicklung machen könne. Mit dieser Äußerung ihres Mannes sei sie aber nicht einverstanden. Sie erhoffe sich mehr Selbstständigkeit für Melanie. Spätestens hier sei für sie klar gewesen, dass sie die Notbremse ziehen müsse, und deswegen seien sie heute hier. Ob Melanie direkt in die Heilpädagogische Schule eintreten könne? Es sei ja noch nicht Semester- oder Schuljahresende. Das war aber nun wirklich kein Problem.

Im Gespräch in der Schule stellte man dann schnell fest, dass Melanie eine Reihe von unnötigen Defiziten aufwies. Diese betrafen die Toilettengänge, das selbstständige An- und Ausziehen, aber auch das Essen mit Besteck sowie diverse schulische Fähigkeiten im pränumerischen Bereich und Schrift-Anbahnungsprozess. Sie hatte darin nicht die für sie angebrachte täglichstündliche Anleitung und Förderung erfahren, sondern war einfach im Unterricht der anderen Kinder dabei gewesen. Laut Aussagen der Mutter sei zwar immer wieder eine Heilpädagogin für Melanie zuständig gewesen, aber eine Entwicklung habe sie im Grunde nicht bemerkt. Wie das Schulleben denn hier ablaufe, wollte die Mutter wissen. Nach ein paar Informa-

tionen zum Stundenplan konnte sie sich selbst ein Bild machen und direkt die Klasse besuchen, in der Melanie einen Platz finden würde. Die Mutter war erstaunt, dass diese Klasse aus nur sechs Kindern bestand und hier zwei ausgebildete Pädagoginnen (eine Schulische Heilpädagogin und eine Sozialpädagogin) volle Stellen hatten. Es blieb beim Entschluss des Schulwechsels, Melanie wurde angemeldet und konnte in der neuen Klasse die Entwicklung der Alltagsfähigkeiten und der schulischen Kompetenzen allmählich nachholen.

Es war, vor allem zu Beginn, nicht immer einfach mit Melanie, aber sie holte tüchtig auf. Die Pädagoginnen erwarteten selbstverständlich ihr aktives Mittun bei allen lebenspraktischen Aufgaben – vom Anziehen über das Zähneputzen nach dem Essen, das sorgfältige Händewaschen, die Benutzung der Toilette, das Aufräumen von Kleidung oder Spielsachen usw. Dazu gehörte auch eine entwicklungsgemäße, verständliche Sprache. Sehr gerne beteiligte sich Melanie jeden Morgen am gemeinsamen Singen von Liedern zur Jahreszeit, was sie liebte. Alle diese Lern- und Entwicklungsschritte wurden mit den Eltern besprochen, man tauschte die Erfahrungen aus und fand immer einen gemeinsamen Weg, wie Melanie am besten unterstützt werden und sie mehr Selbstständigkeit erwerben konnte. Der Vater äußerte sich nach einiger Zeit beeindruckt, über welche Kompetenzen seine Tochter nun verfüge. Die Eltern nahmen die gelernten Abläufe gern in ihr Alltagsleben auf, sie hielten immer wieder Rücksprache mit der Schule. Sie unterstützten damit das Lernen und die Entwicklung ihrer Tochter. Melanie fühlt sich heute in ihrer Lerngruppe wohl, sie hat sich mit den Kindern angefreundet und macht sehr gerne bei allen Tätigkeiten mit.

Elternsein ist grundsätzlich eine anspruchsvolle Aufgabe, die sich aber für Eltern eines behinderten Kindes nochmals in anderer Art stellt. Wie alle Eltern hatten sie zunächst viele Wünsche und Träume, wie sie das Leben gemeinsam mit ihrem Kind gestalten wollten. Die Erkenntnis, dass ihr Kind behindert ist – sei es bei Schwangerschaft und Geburt, nach einem Unfall oder durch eine Erkrankung – hat alle Pläne durcheinandergebracht. Die Eltern müssen sich damit auseinandersetzen, dass ihr Leben fortan in ganz anderen Bahnen verlaufen wird. Der gemeinsame Alltag hat sich von heute auf morgen geändert. Das bedeutet für sie eine Zeit schwerster Belastung. Sie müssen die neue Situation akzeptieren lernen. Das ist verbunden mit der Enttäuschung vitaler Wünsche und Hoffnungen. »Wie soll die Zukunft unseres Kindes aussehen und damit auch unsere?«, ist die Frage, vor der die Eltern stehen. Dies zieht eine tiefe Verunsicherung nach sich, zu der oft Unzulänglichkeitsgefühle und Versagensängste gehören. Diese Situation stellt hohe Anforderungen an die Eltern und auch an Geschwister. Wie die einzelnen Mütter und Väter damit umgehen, ist individuell geprägt durch die bisherigen Lebenserfahrungen, die Art und Weise, wie sie mit Belastungssituationen umgehen können und welche Unterstützung sie durch ihr näheres Umfeld erhalten. Wenn es ihnen gelingt, sich zusammenzuschließen, wird die Aufgabe leichter. Nicht selten kann sich ein herzlicher, unbefangener Umgang mit dem behinderten oder kranken Kind entwickeln. Dies erfordert jedoch immer wieder von neuem eine Auseinandersetzung mit der Situation, sei es innerhalb der Familie oder in Bezug auf die Schule. Zu dieser Problematik ist viel Fachliteratur zu finden (vgl. Bonfranchi/Perret 2021).

Es ist daher nur zu verständlich, dass die Eltern von Melanie mit der Integration ihres Kindes in den Regelkindergarten ein möglichst hohes Maß an Normalität herstellen wollten. Es kann sein, dass sie diesen weiteren Schritt zunächst brauchten, um sich innerlich schließlich auf einen anderen Weg begeben zu können. Zu ihrer Entscheidung für die Integration trug sicher auch bei, dass bei der Einführung integrativer Lösungen Vorzeigebeispiele speziell von Kindern mit einem Downsyndrom medial sehr präsent waren und sind. Auch diese Beispiele können Eltern dazu führen, in der integrativen Beschulung ihres Kindes eine Chance zu sehen, die es wahrzunehmen gilt. Viele Mütter und Väter übernehmen mit großem Engagement zu Hause die gezielte Förderung ihres Kindes – oft bis zur Erschöpfung –, die im integrativen Modell der Regelschule von niemandem geleistet werden kann; es fehlen dazu schlicht die fachlichen oder auch die zeitlichen Ressourcen.

Oft mag der äußere Schein der Normalität fürs Erste darüber hinwegtäuschen, dass wichtige Chancen für eine wesentlich umfassendere Förderung nicht genutzt werden können: das Angebot intensiver Fördermöglichkeiten gerade der Alltagskompetenzen, welches eine Heilpädagogische Schule bietet und das den Rahmen einer Regelklasse bei weitem sprengen würde. Bis Eltern dies realisieren, ist oft schon viel kostbare Zeit vergangen; beim Kind haben sich ungünstige Haltungen eingespielt, wie das Beispiel von Melanie zeigt. Oft erkennen die Eltern zwar, dass in der vorangegangenen Frühförderung wesentlich größere Fortschritte gemacht wurden, doch ihr Blick ist zunächst auf anderes gerichtet. Sehr häufig wünschen die Eltern aber schließlich, dass ihr Kind die Mittel- und Oberstufe einer heilpädagogischen Institution besucht.

Die Erkenntnis, dass die Integration beim eigenen Kind nicht zielführend ist, fällt nicht leicht. Es handelt sich nicht einfach um eine Umplatzierung, wie z. B. bei einem Wohnortswechsel, sondern bedeutet für die Eltern den Abschied von einem Projekt, in das sie viel Hoffnung und Engagement gesteckt hatten.

Gerade wenn sie sich bis dahin nicht intensiv mit den Möglichkeiten einer speziellen Schule auseinandergesetzt haben, können sie und das Kind den Übertritt in eine Heilpädagogische Schule als schmerzhaft, möglicherweise auch als Abstieg empfinden. Ist der Schulwechsel aber gemacht, so sind die Eltern in den allermeisten Fällen erleichtert. Sie erkennen und schätzen die fachliche Kompetenz und die Unterstützung der heilpädagogischen Fachleute, die zu wichtigen Ansprechpersonen werden, zu denen sie Vertrauen entwickeln. Wichtig ist auch immer wieder neu die Beobachtung und die Gewissheit, dass kleinschrittige Anleitung und strukturierte Abläufe in der Schule und zu Hause ihrem Kind eine Stütze sind und Sicherheit vermitteln. Am besten gehen Anleitung und Abläufe hier wie dort Hand in Hand. So ergibt sich aus der Zusammenarbeit mit der Schule gerade auch für die Eltern Entlastung und Hoffnung. Nicht alleine dazustehen, ist eine wichtige Quelle, neue Kräfte aufzubauen, Gefühle der Überforderung zu mildern und Zukunftsperspektiven zu entwickeln. Auf diesem Boden sind regelmäßige Kontakte zwischen Schule und Elternhaus wertvoll. Die oft sehr aufmerksamen und engagierten Eltern verbinden sich gerne mit anderen Eltern, tauschen sich mit ihnen aus und tun sich auch außerhalb der Schule für gemeinsame Aktivitäten zusammen. Auch diese Möglichkeit ist ihnen im Rahmen einer Heilpädagogischen Schule unkompliziert und fruchtbringend gegeben. Umgekehrt profitiert auch die Schule von einer guten Zusammenarbeit, am allermeisten aber ihr Kind.

Eine solche positive Erfahrung der Zusammenarbeit bringen einige Eltern gerne auch in ein größeres Umfeld ein. Neben dem Zusammenschluss in Elternorganisationen suchen sie auch Tätigkeiten in der Schulpolitik, um dort ihr Wissen und ihre Vorschläge weitergeben zu können. So können sie sich nicht nur für das Wohl des eigenen Kindes, sondern auch für das mancher anderer einsetzen.

Zwischenhalt

Die integrative/inklusive Beschulung von Kindern mit einer Behinderung wird oft abgebrochen. Mit diesem Erfahrungswert, dass viele Eltern ihre zunächst integrierten/inkludierten Kinder später an eine Heilpädagogische Schule umschulen, stimmen Untersuchungen aus Deutschland und Skandinavien überein. »Die Kritik [hat] sich vor allem auf eine Minderung der Qualität der speziellen Förderung (durch die integrative Schulung) bezogen.« (Speck 2019, S. 123) Elternumfragen haben immer wieder ergeben, dass von ihrer Seite die spezialisierten Schulen im Interesse ihres Kindes bevorzugt werden.

Die Gründe sind im Beispiel anschaulich dargelegt worden: die großen Klassen in der Regelschule, die für den Förderbedarf unzureichende personelle Ausstattung, sowohl zeitlich als auch fachlich, die anderen Themen und Methoden usw.

Denn ein Kind mit Einschränkungen braucht eine spezifische, auf die Achtung seiner besonderen Bedürfnisse eingerichtete Schulung. Eine solche breite, ganzheitliche Bildung ist Aufgabe und gehört zum Konzept Heilpädagogischer Schulen, welche die Kinder in ihren kognitiven und sozial-emotionalen Kompetenzen umfassend fördern. Nur so können sie auf das Leben als Erwachsene so gut wie möglich vorbereitet werden. Eine solche Bildung ist ein Menschenrecht, das ihnen nicht vorenthalten werden darf.

Dieses Anliegen verbindet Schule und Elternhaus und wird am besten verwirklicht, wenn Eltern einerseits sowie Heilpädagogen und Heilpädagoginnen andererseits bündig zusammenarbeiten können.

Aus dieser positiven Zusammenarbeit erwachsen in der Familie neue Kräfte, eine optimistischere Einstellung, die allen und vor allem dem behinderten Kind zugutekommt.

6 Ethische Gesichtspunkte: für die heilpädagogische Arbeit ein Muss

In der Heilpädagogik gerät man immer wieder in Situationen, bei denen ethische Fragestellungen eine große Rolle spielen: Was ist angemessen? Was wäre zu bedenken? Das zeigen die Beispiele von Rosalie, Jana, Perun, Francesco, Ali, die so oder ähnlich im Alltag jeder Heilpädagogischen Schule vorkommen.

Ethische Herausforderungen im heilpädagogischen Schulalltag

Rosalie muss jeweils im Rollstuhl oder im Tripp-Trapp (ein besonderer, fix stehender Stuhl), mittels eines Bauch- und Brustgurtes fixiert und stabilisiert werden. Würde man dies nicht tun, bestünde die Gefahr, dass sie aus ihrem jeweiligen Stuhl herausfallen würde.
Aber wird dadurch nicht ständig in ihre Autonomie eingegriffen?
Jana muss nach dem Essen immer wieder motiviert werden, zuzulassen, dass man ihr die Zähne reinigt. Sie mag dies gar nicht und verschließt dann ihren Mund. Ihre Zähne sind aber, trotz ihres jugendlichen Alters, schon sehr schlecht. Eine Zahnbehandlung wäre bei ihr nur unter Vollnarkose möglich. Aufgrund ihrer Epilepsie stellt eine solche Narkose ein großes Risiko für sie dar.
Gibt es eine Alternative?
Perun, ein Junge mit einer starken Epilepsie, der jeden Tag mehrere Anfälle hat, trägt einen stark gepolsterten Helm mit Kinnschutz. Er sieht deshalb etwas wie ein Eishockey-Torwart aus. Wenn man mit ihm draußen ist, wird er oft von anderen Kindern angestarrt, was ihn aggressiv und ärgerlich macht. Der Klassenassistent muss dann mit ihm wieder ins Schulhaus zurückgehen.
Ist das gerecht?
Francesco hat eine cerebral-paretische Lähmung. Er kann nicht gehen, kann aber seine Beine bewegen. Er ist nicht kognitiv eingeschränkt, wohl aber lernbehindert und so wurde er zunächst in eine Regelklasse integriert. Für größere Strecken wurde er dort im Rollstuhl geschoben, weil er diesen nicht selbst mit seinen Armen bewegen konnte. Er hat aber von klein auf gelernt, sich flink in einer Art Echsengang auf dem Boden fortzubewegen. Zu Hause hat er dazu Gelegenheit und ist nahezu gleich schnell und

autonom wie ein Fußgänger. Diese eigenständige Fortbewegung war in der Regelschule kaum möglich. Er wurde dort auch immer wieder auf eine »versteckte« Art gehänselt oder angestarrt. Bald wollte er nicht mehr zur Schule gehen und kam dann in die Heilpädagogische Schule. Hier kann er problemlos wieder seine gewohnte Gangart benutzen. Niemand fällt irgendetwas auf. Kein anderes Kind zeigt irgendeine Reaktion. Man beugt sich zu ihm, wenn man mit ihm sprechen will, und damit hat es sich. Er kommt gerne zur Schule, wird auf seinem Niveau gefördert und alle Beteiligten sind zufrieden. Sein Wohlbefinden ist nun gewährleistet.
Was hat vorher gefehlt?
Ali verfügt über keine Verbal-Sprache. Problematisch ist, dass er immer wieder Selbst- und Fremdaggressionen zeigt. Er kann diese Anfälle nur sehr schwer steuern. Es geht also darum, mit ihm einzuüben, dass er der Heilpädagogin jeweils ein Zeichen gibt, wenn er diese Anfälle bereits in einem Vorstadium spürt. Er wird dann in den reizarmen Time-out-Raum begleitet. Ziel ist, dass er dies selbst tut. Aber so weit ist er noch nicht. In diesem völlig reizarmen Raum verbleibt Ali meistens zwei bis drei Minuten. Anfangs bemerkten die Pädagoginnen und Pädagogen jeweils gar nicht, dass er sich schon seit einer Weile beruhigt hatte. Sie stellten dann fest, dass er sich wegen seines erneuten Anfalls schämte und deshalb nicht sofort wieder ins Klassenzimmer zurückkam. Sie haben ihm gezeigt und er hat es verstanden, dass ihm niemand böse ist und dass er, ohne auf irgendwelche Reaktionen gefasst sein zu müssen, nach Abklingen eines solchen Anfalls ruhig und problemlos wieder in die Gemeinschaft zurückkommen kann.
Richtet dieses Vorgehen beim Kind nicht einen Schaden an?

Ohne vertiefte Erfahrung im heil- und sonderpädagogischen Bereich mögen die in den Beispielen getroffenen Maßnahmen auf den ersten Blick nur schwer verständlich sein und es können Fragen nach deren Angemessenheit auftauchen. Es ist tatsächlich so, dass oft unterschiedliche ethische Aspekte bedacht und gegeneinander abgewogen werden müssen. Dazu eignet sich das Konzept von Beauchamp und Childress (1979, mittlerweile 7. Auflage). Es geht aus von vier Prinzipien, die bei ethischen Fragestellungen bedacht werden müssen:

Das *negative Prinzip des Nichtschadens* fordert, dass die Maßnahme bei der betroffenen Person keinen Schaden bewirken darf.

Beim *positiven Prinzip des Wohltuns* soll bedacht werden, ob bei den geplanten Maßnahmen mögliche ungünstige Nebenwirkungen deren Vorteile überwiegen.

Das *Prinzip der Autonomie* stellt die Forderung nach der Achtung des Selbstbestimmungsrechts und der Förderung der Selbstbestimmungsfähigkeit des Menschen mit einer Behinderung.

Mit dem *Prinzip der Gerechtigkeit* wird das direkt oder indirekt beteiligte Umfeld einbezogen. Schließt die geplante Handlung allenfalls negative Auswirkungen auf andere Personen ein und sind diese zu rechtfertigen?

Die geneigte Leserin, der geneigte Leser möge nun die obigen Beispiele anhand dieser vier ethischen Prinzipien durchdenken. In den Förderplanungen einer Heilpädagogischen Schule muss ihnen – sollen fachliche Standards eingehalten werden – genug Raum gegeben werden. Oft ist eine Entscheidung nicht leicht zu fällen. Die betreuenden Fachpersonen bringen oft unterschiedliche Gesichtspunkte ein, aus denen sich unterschiedliche Förderziele ergeben können. Das Konzept von Beauchamp und Childress kann die gemeinsame Arbeit lösungsorientiert unterstützen (vgl. Bonfranchi 2011; Bonfranchi 2017; Bonfranchi; Perret 2021). Es ist leicht zu verstehen, dass solche ethischen Überlegungen in Integrations-/Inklusionsmodellen zu wenig Platz einnehmen *können*. Nicht nur zeitlich, sondern auch fachlich fehlen dazu in den Regelschulen die nötigen Ressourcen. Auch dies mag zum Scheitern wohlgemeinter Integrations-/Inklusionsprojekte beitragen.

Zwischenhalt

Solche Gesichtspunkte sind integraler Bestandteil heilpädagogischer Überlegungen, machen sie spannend und anspruchsvoll, können aber auch belastend sein. Jede Entscheidung muss einer solchen Überprüfung standhalten. Soll die Förderung eines behinderten Kindes oder Jugendlichen umfassend sein, bedarf es der gemeinsamen Reflexion aller Beteiligten. Dabei sind ethische Gesichtspunkte handlungsleitend. Es muss jeweils im Einzelfall überlegt werden, welches der oben genannten vier ethischen Prinzipien Vorrang haben soll und wie dies in der Einzelsituation verwirklicht werden kann – stets zum Wohl des

Kindes. Das braucht Problembewusstsein, Zeit und fachliche Kompetenz und es ist selbstredend, dass sie im Setting einer Regelschule nicht prioritär sind, nicht sein können. Gutgemeinte Lösungen, wie man z. B. einem körperbehinderten Kind helfen kann, gehen oft an dessen berechtigtem Wunsch nach Eigenaktivität vorbei. Hier wird das Prinzip der Autonomie nicht geachtet. Deshalb schließen Integrations-/Inklusionsprojekte stets eine mögliche Bagatellisierung und Trivialisierung der Behinderung und die Verletzung der Menschenwürde des von einer Behinderung betroffenen Menschen ein.

7 Auf dem Weg zu einem selbstbestimmten Leben

Im Artikel 19 der UN-Behindertenrechtskonvention (UN-BRK) wird festgehalten, dass Menschen mit Behinderungen das Recht haben sollen, mit den gleichen Wahlmöglichkeiten wie andere Menschen in der Gemeinschaft zu leben. Das schließt die Möglichkeit ein, gleichberechtigt den Aufenthaltsort zu wählen und zu entscheiden, wo, mit wem und in welcher Wohnform sie leben möchten. Ebenso gehört die Bereitstellung von gemeindenahen Unterstützungsdiensten und Einrichtungen dazu, einschließlich persönlicher Assistenz, sowie der Zugang zu gemeindenahen Dienstleistungen und Einrichtungen, die für die Allgemeinheit bestimmt sind. Eine unabdingbare Voraussetzung für ein selbstbestimmtes Leben stellt zudem die materielle Existenzsicherung dar. Die unterzeichnenden Staaten sind dazu verpflichtet, dieses Recht durch geeignete Maßnahmen zu gewährleisten und entsprechende Konzepte auszuarbeiten.

Es ist selbstredend, dass dies in jedem einzelnen Fall eine sorgfältige Analyse der Bedürfnisse und der Möglichkeiten des von Behinderung betroffenen Menschen erfordert. Die Vorbereitung auf ein selbstbestimmtes Leben beginnt bereits bei Kindern und Jugendlichen mit der Wahl der Schulform. Heute wird – oft diskussionslos – davon ausgegangen, dass die Integration in die Regelklasse diese Bedingungen am besten erfüllt. In der Schweiz haben sich in den vergangenen Jahren die Integrierte Förderung (IF) und die Integrierte Sonderschulung im Rahmen der Regelklasse (ISR/ISS) weitgehend etabliert. Mittlerweile konnte man Erfahrungen sammeln. Eine davon ist, dass viele dieser Integrationsprojekte speziell von Kindern und Jugendlichen mit einer kognitiven Beeinträchtigung nach einiger Zeit abgebrochen werden; oft, weil das Recht auf Teilhabe nur formal, nicht aber im Schulalltag umgesetzt wird oder die Förderung nicht optimal erfolgen konnte. Häufig ist dieser Zeitpunkt schon nach der Vorschulstufe gegeben. Mittlerweile wünschen die Eltern vermehrt, dass ihre Kinder bereits beim Schuleintritt eine speziell zu den individuellen Bedürfnissen passende Sonderschule besuchen können. Die Frühförderung hat sie dafür sensibilisiert, dass es spezifisches Fachwissen braucht und ihr Kind gerne mit anderen Kindern mit einer Behinderung zusammen ist. Im weiteren Verlauf der Schulzeit stellt sich für die Eltern auch schon früh die Frage, wie der Lebenshorizont ihres Kindes nach der Schulpflicht aussehen soll und sie wünschen sich fachliche und menschliche Unterstützung und Begleitung auf diesem Weg.

Die Vorbereitung auf das Berufs- und Erwachsenenleben ist für alle Kinder und Jugendlichen – mit besonderen Bedürfnissen und ohne – anspruchsvoll und birgt unvorhergesehene Hürden. Liegt zudem eine kognitive Beeinträchtigung vor, gestaltet sich das noch anspruchsvoller. Deshalb gehört es zum Pflichtenheft Heilpädagogischer Schulen, den Zeithorizont über die schulpflichtigen Jahre hinaus einzubeziehen. Aus den in diesem Buch bisher dargestellten Beispielen sollte deutlich geworden sein, dass sich diese Aufgabe sehr individuell gestaltet und die damit verbundenen Fragen vielschichtig, die Unterstützungsbedürfnisse komplex sein können. Das Ziel soll immer sein, den Jugendlichen ein möglichst selbstbestimmtes Leben zugänglich zu machen. Was bedeutet das nun für den einzelnen Menschen mit seiner je individuellen Einschränkung? In welchem sozialen Umfeld wird das möglich sein? Und was kann bereits während der Schulzeit vorbereitend dazu beitragen werden? In den folgenden Beispielen geht es um diese Fragestellungen; für Michaela, Noëmi, Mehmet und Sabrina ist die persönliche Ausgangssituation sehr unterschiedlich.

Fallbeispiel: Michaela – etwas beitragen können

Michaela ist ein Mädchen mit einer schweren kognitiven Beeinträchtigung. Sie besucht schon seit zehn Jahren die Heilpädagogische Schule und wird ihre Schulzeit bald abschließen. Wie soll es danach weiter gehen? Michaela verfügt über keine Verbal-Sprache und auch mittels unterstützender Methoden ließ sich bisher nur eine sehr eingeschränkte Kommunikation anbahnen. So drückte Michaela ihren Unwillen dadurch aus, dass sie den Kopf wegdrehte. Manchmal stieß sie dabei auch schrille Schreie aus. Man konnte also verstehen, was sie nicht mochte. Mehrere Heilpädagoginnen hatten im Kindergarten und in der Unter- und Mittelstufe auf verschiedene Weise versucht, mehr Kommunikation zu ermöglichen. Ihre Wünsche und Bedürfnisse waren jedoch nicht leicht zu erahnen. In den Besprechungen im Team war die Arbeit mit ihr oft ein Thema und man tauschte sich immer wieder neu über mögliche Herangehensweisen aus. Auch mit den Eltern fanden viele Gespräche statt. Stets ging es darum, wie von Michaela in irgendeiner Weise mittels irgendwelcher Gegenstände in irgendwelchen Situationen eine Reaktion herausgelockt werden könnte, die auf eine Vorliebe von ihr schließen ließe. Vergeblich.

Michaela konnte gehen, nicht immer ganz sicher, aber es war zu verantworten, sie in Räumen frei umhergehen zu lassen. Hier sah man einen möglichen Ansatz zur Klärung der Situation: Hatte sie bestimmte Ziele, die ein Interesse von ihr zeigten? Schwer zu sagen, denn es schien, als ob sie sich planlos im Raum bewegte, vielleicht auch einfach der Bewegung zuliebe.
Mittlerweile war Michaela im letzten Schuljahr der Oberstufe. Deshalb stand die Frage im Raum, welche Tagesstruktur und Beschäftigungsmöglichkeiten für sie in der Folgezeit geeignet wären, welche Wohnform ihren Bedürfnissen entsprechen würde und welche Unterstützungsangebote ihr zur Verfügung stehen müssten. Was würde sie gerne tun? Eine kleine Begebenheit bzw. Gewohnheit von Michaela brachte einen ersten Schritt zur Klärung. Einer Heilpädagogin fiel auf, dass Michaela sich immer wieder zum Schrank mit dem Essgeschirr hinbewegte. Sie beobachtete das genauer und protokollierte es. In ihrer Abwesenheit übernahm die pädagogische Mitarbeiterin diese Aufgabe. Daraus ergaben sich nach einigen Wochen deutliche Hinweise, dass Michaelas Wege keineswegs zufällig waren, sondern dass ihr eindeutiges Ziel der Geschirr- und Besteckschrank war. Sie öffnete ihn jedoch nie, sondern strich einfach immer wieder daran vorbei. Offensichtlich hatte ihr Gang zum Schrank ein Ziel und war möglicherweise mit einem Wunsch verbunden, den sie nicht anders zum Ausdruck bringen konnte. Diese Beobachtung wollte man in die Arbeit mit ihr einbeziehen, was auch in ihrer Förderplanung festgehalten wurde. Fortan begleiteten die Betreuerinnen Michaela immer wieder gezielt zu diesem Schrank und öffneten auch dessen diverse Fächer. Und: Michaela griff hinein und schnappte sich Gabeln und Löffel. Die Heilpädagogin geleitete sie mittels Handführung an den Tisch, wo Michaela dann das Besteck hinlegte. In einem nächsten Schritt ermöglichte man, dass sie es korrekt hinlegen konnte. Dazu wurden Tischsets aufgedeckt, auf denen Fotos den Platz des Bestecks zeigten. Dazu kam ein Foto des Kindes, das jeweils an diesem Platz saß. So ging es Schritt für Schritt weiter. Schließlich wurde ein akustisches Signal mit Michaela »vereinbart«, wann sie jeweils mit dem Decken des Tisches beginnen konnte. Auch das klappte zum großen Erstaunen aller Beteiligten nach etwa drei Monaten ohne Probleme.
Heute ist es so, dass Michaela nach dem Signal gezielt zum Schrank geht, einen Löffel holt und beim betreffenden Bild hinlegt. Darauf geht sie erneut zum Schrank, nimmt sich einen Becher und stellt diesen ebenfalls zu einem Foto usw. Mit diesen unterstützenden Hilfsmitteln kann Michaela kontrollieren, ob alle Utensilien vollzählig und korrekt am richtigen Platz sind.

Michaela hatte nun ihre Aufgabe gefunden, die sie fortan Tag für Tag gewissenhaft erledigt. Sie erhält dafür immer wieder Lob, was bei ihr aber keine offensichtliche Reaktion auslöst. Es hätte natürlich alle interessiert, warum ausgerechnet dieser Schrank und das Decken des Tisches auf ihr Interesse stießen, zumal Michaela nicht besonders gerne aß. Doch auch das ließ sich nur erahnen. Man versuchte in der Folge, Michaela auch für andere, ähnliche Tätigkeiten zu interessieren. Bisher ist das nicht gelungen. Aber wer weiß …

Was könnte diese neue Fertigkeit von Michaela in ihrem weiteren Lebenskontext bedeuten? Mit Michaela wurde eine Tätigkeit eingeübt, die für andere Kinder schon viel früher eine Selbstverständlichkeit ist. Natürlich wäre das auch für sie schön gewesen, aber ohne verbale Kommunikation war es schwieriger, ihre Bedürfnisse zu erfahren. Was war wohl in ihr vorgegangen, bis sie mit ihren Gängen zum Geschirrschrank begonnen hatte? Sie konnte es nicht mitteilen, sondern war auf die feinfühlige Beobachtung ihrer Heilpädagogin angewiesen, die ihr mögliches Anliegen erkannte. Die vielen kleinen Schritte, die es brauchte, bis Michaela ihr Tischdeckamt ausführen konnte, verweisen auf das notwendige psychologische, methodische und didaktische Geschick im Umgang mit solchen Kindern. Auch hier gilt: Tragendes Element für den Fortschritt von Michaela war die Beziehung zwischen ihr und der betreuenden Heilpädagogin, wie dies in der bekannten Studie von John Hattie als wichtiger Wirkfaktor von Lernprozessen festgehalten wurde. Michaela hatte im Rahmen ihrer Möglichkeiten auf ihren Wunsch hingewiesen, etwas beitragen zu wollen. Das wurde von der Heilpädagogin umsichtig wahrgenommen. Dass sich daraus ein kleinschrittiger Lernprozess anbahnen ließ, war in diesem Beziehungskontext möglich, eingebettet in eine entsprechende Umgebung, die Raum für solche Unterrichtsinhalte bot.

Michaelas Gang zum Geschirrschrank drückte möglicherweise auch aus, dass sie gerne etwas zum Lebensalltag ihrer Klasse beitragen und eine Aufgabe im Rahmen der Gemeinschaft übernehmen wollte. Damit ist ein Bedürfnis angesprochen, das der sozialen Natur des Menschen entspricht.

Wie wird nun Michaelas künftiges Leben als Erwachsene aussehen? Wie würden sich in ihrem Fall Selbstbestimmung und notwendiger Schutz ergänzen? Es ist davon auszugehen, dass für Michaela das Zusammenwohnen in einer Wohneinrichtung eine gute Lösung sein könnte, wo sie die nötigen Unterstützungsmöglichkeiten in Anspruch nehmen kann und gleichzeitig in ein soziales Beziehungsnetz eingebunden ist. Diese Fragen zu klären, gehört zu den Aufgaben einer Heilpädagogischen Schule, in enger Zusammenarbeit mit den Eltern und den zuständigen behördlichen Stellen. Es zeigt, dass das Recht auf ein selbstbestimmtes Leben stets an individuelle Voraussetzungen gebunden ist, die im Einzelnen sorgfältig und mit dem notwendigen Fachwissen geklärt sein müssen. Bei einer solchen Klärung bilden beispielsweise Fertigkeiten des praktischen Lebensalltags einen wichtigen Gesichtspunkt. Das zeigt folgendes Beispiel.

Fallbeispiel: Noëmi – selbstständige Teilnehmerin im Öffentlichen Verkehr

Oft kann man Menschen mit einer Behinderung im Erwachsenenalter beim Ein- und Aussteigen in öffentliche Verkehrsmittel (ÖV) beobachten – i.d.R. sind es Menschen mit einem Downsyndrom. Sie sind allein oder zu zweit unterwegs, benutzen die Straßenbahn oder den Bus mit Sicherheit, unterhalten sich gut gelaunt und steigen zusammen am gleichen Ort wieder aus – in der Nähe des Wohnheims für Erwachsene oder beim Arbeitsplatz. Das setzt ein sorgfältiges Training voraus und ist deshalb ein wichtiges Thema in Heilpädagogischen Schulen.

Beim ÖV-Training geht es darum, Schülerinnen und Schüler systematisch und über einen längeren Zeitraum anzuleiten, wie sie ihren Schulweg selbstständig mit öffentlichen Verkehrsmitteln bewältigen können. Aus der täglichen Arbeit mit ihnen ergibt sich, wann und ob es möglich und zu verantworten ist, ihnen die Eigenverantwortung dafür zu übergeben. Selbstverständlich werden die Eltern über das anstehende Lernprojekt informiert und sie sind, wenn möglich und nötig, darin eingebunden. Oft brauchen auch sie Unterstützung, um eine eigene Ängstlichkeit zu überwinden und dem Kind diese neue Aufgabe zuzutrauen. Mit dem Bus oder der Bahn nach Hause und in die Schule zu kommen, beinhaltet verschiedene Lernschritte: Da geht es darum, den Weg von der Schule bis zur Bushaltestelle oder zum Bahnhof sicher zu finden, vor dem Einsteigen in Bus oder Bahn allenfalls die Fahrtkarte abzustempeln, dann die Fahrt mit dem Bus oder der S-Bahn zu bewältigen und schließlich bei der richtigen Haltestelle auszusteigen bzw. rechtzeitig den Stopp-Knopf zu drücken, sich an der Tür bereitzustellen und auszusteigen und zuletzt steht noch der Weg von der Haltestelle nach Hause an. Je nachdem müssen die Kinder auch lernen, bei Busbahnhöfen »ihren« Bus auf dem richtigen Gleis zu erkennen. Dies ist eine Herausforderung, weil sie die Aufschriften nicht lesen und eine dreistellige Nummer nicht erkennen können. So müssen sie lernen, das Bus-Personal zu fragen, ob es auch der richtige Bus ist, in den sie einsteigen wollen. Eventuell tragen sie ein laminiertes Kärtchen an einem Band um den Hals, auf dem ihr Name, der Name der Eltern, die Handynummer der Eltern und die Fahrtstrecke vermerkt sind. Was für viele Menschen Routine ist, muss also kleinschrittig gelernt werden.

Heute ist Noëmi mit ihrer Lehrerin unterwegs. Sie macht den Weg von der Schule zur Bushaltestelle schon zum neunten Mal. Sie hat selbstständig ihren Rucksack geholt, ihre rote Jacke von der Garderobe genommen und angezogen, ihr Namenskärtchen hervorgeholt, überprüft, ob die Fahrkarte am richtigen Ort steckt. Auf dem Weg zur Bushaltestelle machen sie und die Heilpädagogin ein Spiel daraus, alle Wegmarken – Baum, Hecke, Laden, Fußgängerstreifen – zu benennen und sich so den Weg einzuprägen. Noëmi freut sich, wenn sie den nächsten Schritt schon im Voraus weiß. Diesen Weg wird sie über Wochen mehrmals wöchentlich in Begleitung ihrer Heilpädagogin oder Sozialpädagogin machen, d. h. so lange einüben, bis sie sicher ist. Das Übungsprogramm stellt eine beträchtliche Belastung für das Betreuungsteam der Klasse dar, weil immer eine Person für mehrere Stunden fehlt. In einer zweiten Phase macht Noëmi den Weg allein, die Heilpädagogin begleitet sie nicht mehr direkt, sondern folgt ihr in einem Abstand von etwa fünf Metern. Das heißt, es ist stets Sichtkontakt möglich. Noëmi dreht sich manchmal um, um zu sehen, ob die Lehrerin noch in der Nähe ist. Die beiden steigen bei der gleichen Tür in den Bus ein. In einem nächsten Schritt wird dieser Abstand vergrößert, die beiden benutzen nun nicht mehr den gleichen Eingang. Je nachdem, wie viele andere Passagiere sich noch im Bus befinden, kann Noëmi ihre Lehrerin nun nicht mehr jederzeit sehen, sie weiß aber, dass sie da ist. Genauso verhält es sich bei den Fußwegen. Auch hier wird wieder, je nach Fortschritt der Schülerin, der Abstand systematisch vergrößert. Die Freude ist dann groß, wenn Noëmi allein in den Bus einsteigt und die Lehrerin sie an der Ziel-Haltestelle freudig in Empfang nimmt. Auch für die Eltern bedeutet dieser gelungene Schritt in eine größere Selbstständigkeit sehr viel, sie freuen sich mit Noëmi.

Natürlich verlangt diese 1:1-Betreuung während Wochen einen besonderen organisatorischen Mehraufwand für das Klassenteam. Ein solches Training, das ja für jedes Kind, jeden Jugendlichen gesondert durchgeführt werden muss, ist sehr aufwendig. Das Ziel einer möglichst großen Autonomie ihrer

Schülerinnen und Schüler in Alltagssituationen ist den Mitarbeitenden der Heilpädagogischen Schule jedoch selbstverständlich und Teil ihrer Arbeit.

Ähnliches ließe sich auch von anderen Lernprojekten berichten. So geht es beim Kochen, Decken des Tisches oder dem Erkennen der Uhrzeiten immer darum, einzelne Kinder oder Jugendliche zu größerer Selbstständigkeit zu befähigen. Jeder einzelne Schritt einer solchen Alltagskompetenz wird in kleine Teilschritte zerlegt, systematisch gelehrt, geübt und begleitet, bis er auch ohne Begleitung möglich ist. Die Kinder und Jugendlichen können den Spielraum ihres Lebensalltags allmählich erweitern, ohne sich unnötigen Gefahren auszusetzen. Es sind für sie wichtige Etappen auf dem Weg zu einem selbstbestimmten Leben. Das zu ignorieren, würde die nötigen Schritte auf dem Weg zu Selbstständigkeit und Teilhabe verhindern. Dank fachlicher Ausbildung, Wissen, Erfahrung, Geduld und vor allem viel Zeit und personellen Ressourcen können solche Lernprojekte umgesetzt werden. Der Stolz und die Freude eines jeden Kindes oder Jugendlichen, wenn solche Schritte gelingen, dürfen nicht unterschätzt werden. Der Heranwachsende fühlt sich den Anforderungen des Zusammenlebens besser gewachsen und wächst in seinem Gefühl der Selbstwirksamkeit. Interessanterweise verschwinden bei diesem Lernprozess oft unerwartet Verhaltensweisen, die bisher einer solchen Aufgabe störend entgegengestanden sind, und das Mit-Leben im sozialen Umfeld gelingt »plötzlich« reibungsloser. Vor allem eröffnen sich auch neue Perspektiven für die Zukunft. Denn Fertigkeiten wie die selbstständige Benutzung von Verkehrsmitteln sind Voraussetzungen für einen Arbeitsplatz, z. B. in einer geschützten Werkstatt oder für einen Inklusions- und Nischenarbeitsplatz im ersten Arbeitsmarkt. Das trägt dem Anspruch auf Gleichberechtigung und der Würde der betroffenen Menschen Rechnung. Dieser Weitblick muss zu den ethischen Grundhaltungen im Umgang mit von Behinderung betroffenen Menschen gehören. Spezielle Aufmerksamkeit braucht auch die Berufsfindung bzw. die Wahl einer Tätigkeit, die den individuellen Bedürfnissen entspricht.

Fallbeispiele: Mehmet und Sabrina – auf dem Weg ins Berufsleben

Das Spektrum von Kindern und Jugendlichen in Heilpädagogischen Schulen ist breit und hat sich in den letzten Jahren als Folge der Integration noch erweitert. So finden wir Kinder und Jugendliche mit einer kognitiven und allenfalls auch körperlichen Behinderung neben solchen, deren

Problematik in ihrer sozial-emotionalen Entwicklung liegt. Oft ist die Heilpädagogische Schule zur letzten Möglichkeit geworden, ein Kind zu platzieren, das sonst »durchs Netz gefallen« ist. Entsprechend unterschiedlich gestalten sich auch die Wege nach der Schule. In den letzten Jahren wurden vermehrt niederschwellige Ausbildungsmöglichkeiten und Inklusions- und Nischenarbeitsplätze auch im ersten Arbeitsmarkt geschaffen, ebenso entstand durch die Möglichkeit einer Attestlehre (verkürzte Lehre mit weniger Anforderungen, früher Anlehre) ein weiteres wichtiges Angebot. Begleitet durch ein Coaching können Jugendliche den Übergang von der Schule ins Berufsleben schaffen, was gerade für Jugendliche mit einer kognitiven Beeinträchtigung besonders anspruchsvoll ist. Die Möglichkeiten müssen sorgfältig geprüft werden und den Eignungen und Neigungen der jungen Menschen entsprechen. In den Heilpädagogischen Schulen gibt es deshalb Abschlussklassen. Diese haben, je nach Region und Geschichte der Institution, unterschiedliche Namen. Sie heißen Werkklassen oder auch 15+ oder Arbeitsvorbereitungsjahr usw. Die zuständigen Lehrpersonen kennen das zur Verfügung stehende Angebot von geschützten Arbeitsplätzen in der Region und haben oft auch ein Netzwerk von Betrieben, die allenfalls einen Arbeitsplatz anbieten könnten.

Mehmet und Sabrina haben ihre gesamte Schulzeit in der Heilpädagogischen Schule verbracht. Nun stehen sie vor dem Berufseintritt.
Mehmet kam als Kleinkind in die Schweiz und ist kognitiv etwas stärker als Sabrina. Er liest jeden Tag die Gratis-Zeitung und ist informiert, was Sport und Musik anbelangt. Eigentlich möchte er Schlagzeuger werden, obwohl er nie entsprechenden Unterricht hatte. Zwar wäre das sein Wunsch gewesen, aber er fand damals kein Gehör bei seinen Eltern, nicht zuletzt aus finanziellen Gründen. Eine Karriere als Musiker, von der Mehmet heute träumt, kommt deshalb nicht infrage. Es fällt ihm zwar schwer, das zu akzeptieren, er kann sich aber auch vorstellen, »etwas mit Maschinen oder Motoren zu machen«.
Sabrina, die nur ansatzweise lesen kann und auch mit den Zahlen große Mühe hat, möchte Kosmetikerin oder Friseurin werden. Sie legt großen Wert auf ihr Äußeres, ist immer stark geschminkt und manchmal auch etwas zu freizügig gekleidet, was erfahrungsgemäß leider auch eine Gefährdung mit sich bringen kann. Die Heilpädagogin hat das speziell im Hinblick auf ihre Berufswünsche thematisiert, war damit aber weder bei Sabrina noch bei ihren Eltern auf Verständnis gestoßen.

An mehreren Sitzungen wurden, gemeinsam mit einem spezialisierten Berufsberater der Schweizerischen Sozialversicherungsanstalt (SVA), die Möglichkeiten von Mehmet und Sabrina erörtert. Als Fazit ergab sich: Beide waren auf den Schritt ins Berufsleben vorbereitet und standen am Ende ihrer Schulzeit. Nun stand die Vorbereitung auf Schnuppertage in von ihnen gewünschten Berufsfeldern an. Jede Heilpädagogische Schule hat ein Konzept, wie der Berufseinstieg der Jugendlichen angebahnt werden soll. In Regelschulen sind Schnupperwochen und -lehren üblich. Das hat sich an der Heilpädagogischen Schule nicht bewährt; sinnvoller sind einzelne Informationstage, an denen Jugendliche einen ersten Einblick in ein Berufsfeld erhalten. Nach den Infotagen machen auch die Schülerinnen und Schüler an der Heilpädagogischen Schule Schnupperlehren. In der Regelschule sind diese meist einwöchig. Für die Jugendlichen an Heilpädagogischen Schulen ist das oft ein zu kurzer Zeitraum. Sie brauchen etwas mehr Zeit, um sich eine klare Meinung zu bilden und die Eindrücke zu verarbeiten. Heute ist es leider schwieriger geworden, Arbeitgebende zu finden, die für eine zweiwöchige Schnupperlehre bereit sind, weil sie natürlich auch eine Belastung für den Betrieb sein kann. Für eine den individuellen Bedürfnissen angepasste Berufsfindung wäre aber dieser stufenweise aufgebaute Weg ideal (Bonfranchi 1989). Die Lehrerin von Mehmet und Sabrina fragte zuerst bei einer Garage und einem Kosmetiksalon nach. Sie erhielt positiven Bescheid und die beiden Jugendlichen wurden bald zu einem Schnuppertag erwartet. Danach wollte man die Erfahrungen auswerten.

In beiden Fällen war das Ergebnis ernüchternd, aber bedeutsam für die weitere Planung: Sabrina hatte nur den Vormittag im Kosmetiksalon verbringen können und wurde dann nach Hause geschickt. Bereits am Mittag war es der Inhaberin klar gewesen, dass Sabrina für eine Anstellung in ihrem Geschäft – auch als Hilfskraft – nicht infrage kommen würde. Gerade in diesem Berufszweig ist der Kundenkontakt sehr wichtig. Von den Mitarbeitenden wird deshalb ein gepflegtes Äußeres mit entsprechender Kleidung erwartet, genauso wie angenehme Umgangsformen. Sabrina entsprach diesen Vorstellungen leider nicht.

Bei Mehmet ergab die Auswertung des Infotages, dass er sich zwar höflich und angenehm präsentiert hatte, aber es war auch klar geworden, dass er für eine Lehrstelle, auch »nur« für eine Attestlehre in einer Garage nicht geeignet sei. Mehmet war sehr enttäuscht. Ebenso seine Eltern: Der Vater zeigte seinen Unmut offen, die Mutter weinte.

Die Eltern von Sabrina nahmen das Ergebnis hingegen gelassen und fanden, es sei wohl das falsche Geschäft gewesen. Sie waren sich sicher, dass ihre Tochter an einem anderen Ort eine Lehrstelle finden würde. Zu unserer Überraschung meinte Sabrina, sie wolle nun doch nicht Kosmetikerin werden, denn es habe ihr nicht gefallen. Sie wusste aber keine Alternative zu diesem Beruf. Nun wurde mit dem Berufsberater überlegt, welche Möglichkeiten weiter überprüft werden sollten. Er kannte eine Institution für behinderte Erwachsene, die vor kurzem eine neue Abteilung eröffnet hatte. Dort wurden defekte oder nicht mehr gebrauchte Geräte aus Haushalten und kleineren Firmen als Recycling-Ware abgeholt, um sie in der Institution zu zerlegen. Das könnte Mehmet möglicherweise gefallen, vermutete er. Mehmet habe die Möglichkeit, dort eine von der Invalidenversicherung unterstützte und von einem Coach begleitete praktische Ausbildung als Recyclist zu machen. Er wollte gerne in diesem Betrieb schnuppern.

Bei Sabrina gestaltete sich das weitere Vorgehen schwieriger. Eine gute Möglichkeit schien das Konzept einer anderen Behinderteninstitution für Erwachsene zu sein, das speziell für die Berufsfindung erstellt worden war. Die Schnupper-Lehrlinge, wie sie hier hießen, konnten jeweils eine Woche in der Lingerie (Wäscherei), der Küche, der Rüstküche und in der Hausreinigung mitarbeiten und so während eines Monats vier verschiedene Bereiche kennenlernen. Sabrina wurde darauf vorbereitet und willigte nach einigem Zögern ein, diese Möglichkeit zu nutzen. Der nächste Schritt war also für beide in die Wege geleitet. Danach stand wiederum die Auswertung an:

Mehmet war von seiner neuen Tätigkeit hellauf begeistert und wollte direkt anfangen, da zu arbeiten. Die Leute seien nett und der Job gefalle ihm sehr, meinte er. Auch im Betrieb war man von ihm und seiner umgänglichen Art sehr angetan. So wurde ein Vertrag aufgesetzt. Für die Eltern brauchte es noch einige zusätzliche Erklärungen, weil sie sich im Schweizer Berufsbildungssystem nicht gut auskannten. Dann wurde der Ausbildungsvertrag unterzeichnet.

Sabrina hingegen hatte es beim Schnuppern in keinem der vier Bereiche wirklich gefallen. Am ehesten konnte sie sich eine Arbeit in der Lingerie vorstellen. Aber weder sie noch ihre Eltern waren sich sicher. Auf keinen Fall wollte sie weiter zur Schule gehen, auch wenn sie noch keinen realistischen Ausbildungsplan und eine entsprechende Lehrstelle gefunden hatte. Sie wurde bald 18 Jahre alt und damit volljährig. Für sie stand der Wunsch nach eigenem Geld im Vordergrund. Die Eltern waren damit einverstan-

den und verzichteten auf eine weitere Unterstützung durch die Schule bzw. die Berufsberatung der Sozialversicherungsanstalt (SVA). Sie wollten selbst weiterschauen und beschwichtigten die Lehrerin, die ernsthafte Bedenken äußerte. Sie waren sich sicher, dass sich bald eine gute Lösung für Sabrina ergäbe. Gegen Ende des Schuljahres erzählte Sabrina, dass sie bei einem Freund ihres Vaters in einer Bar arbeiten würde. Sie war sehr zufrieden mit dieser Lösung und betonte, dass sie einen guten Lohn erhalten würde.

Die Berufsvorbereitung und -vermittlung bei kognitiv beeinträchtigten Schülerinnen und Schülern ist anspruchsvoll, das zeigen die beiden Fälle. In Ergänzung zum Berufswahlprozess im Rahmen der Schule werden Berufsberater und Berufsberaterinnen der SVA mit einer Zusatzausbildung beigezogen. Sie führen Eignungsabklärungen durch und versuchen, ein möglichst umfassendes Bild von den Jugendlichen und deren Stärken und Interessen zu erhalten, um einschätzen zu können, welche Tätigkeiten und welches Arbeitsumfeld für sie infrage kommen, insbesondere in Bezug auf ihre speziellen Bedürfnisse. An Informationstagen und in Schnupperlehren erfahren die Jugendlichen mehr über die Realität und die Anforderungen ihres gewünschten Berufes, was – wie bei Sabrina und Mehmet – unter Umständen eine Neuorientierung nötig machen kann. Wenn immer möglich, erfolgt die Erstausbildung im ersten Arbeitsmarkt und die oder der Jugendliche sucht auf dem regulären Lehrstellenmarkt einen Ausbildungsplatz. Bei Jugendlichen mit einer kognitiven Beeinträchtigung entspricht in den meisten Fällen ein geschützter Rahmen den Bedürfnissen. Dafür gibt es ein Netzwerk von Ausbildungsbetrieben mit entsprechenden Lehrstellen. Oft ist auch eine weitere Begleitung während der Ausbildungszeit nötig, weil der Übertritt von der Schule in die Berufswelt herausfordernd ist. Es hat sich in vielen Fällen bewährt, wenn die Jugendlichen durch einen Coach unterstützend, vermittelnd und entlastend begleitet werden. Grundsatz ist immer »Eingliederung vor Rente«, auch wenn das insbesondere bei Jugendlichen mit einer kognitiven Beeinträchtigung nur erschwert möglich ist. Erfahrungsgemäß lässt sich für etwa 85 % der Schülerinnen und Schüler eine gute Lösung finden. Aber es gibt immer wieder auch Fälle von Jugendlichen, wenn auch wenige, die ihren eigenen Weg suchen und keine Unterstützung in Anspruch nehmen wollen. Sie nehmen dadurch erschwerte Bedingungen in Kauf, die leider nicht immer zu einem zufriedenstellenden Resultat führen.

Zwischenhalt

Ziel der schulischen Förderung von behinderten Kindern und Jugendlichen muss immer sein, sie zu einem möglichst selbstbestimmten Leben zu befähigen. Dazu gehört die je individuell aussehende Teilhabe an einem von Gleichwertigkeit geprägten Zusammenleben. In den letzten Jahren wurde in den Ländern, welche die UN-BRK unterzeichnet und ratifiziert haben, viel unternommen, um diese Forderung auch im realen Lebensalltag umzusetzen. In der Schweiz veröffentlichte das Eidgenössische Departement des Innern am 22. Juni 2018 ein Konzept für ein Mehrjahresprogramm »Selbstbestimmtes Leben« (2018–2021). Die drei Verbände CURAVIVA Schweiz, INSOS Schweiz und Verband für anthroposophische Heilpädagogik und Sozialtherapie (vahs) erarbeiteten den gemeinsamen nationalen Aktionsplan UN-BRK 2019–2023 für Institutionen und Unternehmen mit sozialem Auftrag. Sie legten Wert darauf, dass eine inklusive Schulbildung in allen Kantonen anerkannt und umgesetzt werde sowie Möglichkeiten zur individuellen Gestaltung der Übergänge in die berufliche Grundbildung und die Arbeitswelt sichergestellt seien. Die oben genannten Beispiele zeigen, wie anspruchsvoll gerade diese Prozesse sind und wie viele kleine Teilschritte, eingebettet in die fachliche Kompetenz der Lehrpersonen und ein tragendes Beziehungsnetz, dafür nötig sind. Sie müssen frühzeitig eingeleitet und sorgfältig aufgebaut werden. Im Unterricht von Heilpädagogischen Schulen nimmt der Erwerb von Alltagskompetenzen einen besonders wichtigen Raum ein. Diese tragen wesentlich zu einem erfüllten Leben in möglichst großer Autonomie bei. Kinder und Jugendliche mit einer Behinderung sind stolz, wenn sie – ihren Fähigkeiten entsprechend – etwas selbstständig leisten können. Sie schaffen sich dadurch die Voraussetzungen für jede spätere berufliche Tätigkeit als Erwachsene und damit die Grundlage ressourcenorientierter und deshalb realistischer Zukunftsperspektiven. Vielleicht wird Michaela später einen geschützten Arbeitsplatz in einer entsprechenden Institution haben und sich freuen, für oder mit anderen den Tisch decken zu können, und vielleicht ist ihr später mehr möglich. Die Sicherheit, etwas leisten zu können, wird ihre innere Zufriedenheit und das Gefühl der Teilhabe fördern. Eine geregelte Tagesstruktur ist dabei sehr hilfreich und ein Wohnplatz in einer Einrichtung für Menschen mit einer ähnlichen Behinderung kann ihr beziehungsmäßigen Halt geben und sie vor dem Gefühl der Einsamkeit schützen. Für Noëmi wird der Weg anders aussehen und wie sich Mehmet und Sabrina in der Erwachsenenwelt einfinden werden, ist nochmals unterschiedlich. Medial gut aufbereitete Beispiele, meist mit Menschen mit einer Trisomie 21, täuschen leider oft darüber hinweg, wie anspruchsvoll solche Prozesse sind. Oft werden Schwierigkeiten höchstens vage angedeutet, verharmlost und damit trivialisiert und bagatellisiert.

Die in den letzten Jahren sehr geförderten Integrations-/Inklusionsprojekte sind oft vom Slogan begleitet: »Es ist normal, verschieden zu sein«. Das impliziert, das bisherige Schulsystem mit spezialisierten Schulangeboten für Kinder und Jugendliche mit einer Behinderung habe dem zu wenig Rechnung getragen. Deshalb wird ein gemeinsamer Unterricht gefordert, um die Gleichwertigkeit aller Menschen zu garantieren. Wird aber hier nicht »Gleichwertigkeit« mit »Gleichheit« verwechselt? Denn erstaunlicherweise ist gerade in den letzten Jahren im Bildungswesen eine zunehmende Diversifizierung zu beobachten. Vor allem auf höherer Bildungsebene gibt es Angebote für speziell Talentierte und sehr unterschiedliche Möglichkeiten, den Zugang zu einer (Fach-)Hochschule zu erlangen oder eine Berufslehre auf unterschiedlichen Niveaus zu absolvieren. Es befremdet deshalb, dass im Bereich der jüngeren Kinder die bereits bestehenden differenzierten Bildungsangebote zugunsten eines integrativen/inklusiven Schulsystems abgeschafft und beispielsweise spezialisierte Förderschulen und Kleinklassen geschlossen wurden. Muss man hier nicht von einer Negierung der besonderen Bedürfnisse der von Behinderung Betroffenen sprechen und von deren Angewiesensein auf spezielle Lernumgebungen mit auf ihre verschiedenen Bedürfnisse abgestimmten Lernangeboten und Fachkräften? Selbstverständlich gilt es, im einzelnen Fall zu prüfen, ob ein integratives Angebot den Bedürfnissen besser entspricht. Dabei darf nicht vernachlässigt werden, dass oft die Eltern einen wesentlichen Teil der Arbeit mittragen. Die Frage stellt sich aber ernsthaft, ob solche Konzepte verallgemeinert werden dürfen und ob sie den Ansprüchen einer wertgeleiteten Heilpädagogik und einer von Ehrfurcht und Respekt vor dem Leben getragenen ethischen Grundhaltung genügen, die allen Menschen zusteht.

8 Kooperation statt Inklusion

Die bisherigen Beispiele haben gezeigt, wie viel Sorgfalt die Förderung von Kindern und Jugendlichen braucht, die von Behinderung betroffen sind. Nicht nur stellt sie hohe Ansprüche an die fachlichen und persönlichen Kompetenzen der involvierten Lehr- und Betreuungspersonen, auch das soziale Umfeld ist von entscheidender Bedeutung. Es muss so gestaltet sein, dass sich die Kinder und Jugendlichen akzeptiert und geachtet fühlen. Wird das übergangen, beispielsweise weil die Integration/Inklusion als übergeordnete Zielvorgabe unverrückbar vertreten wird, bedeutet dies, hinter gesicherte Erfahrung zurückzugehen und auch neuere wissenschaftliche Erkenntnisse nicht einzubeziehen.

Die Frage stellt sich dennoch, ob es nicht Möglichkeiten gemeinsamer Aktivitäten und Begegnungen geben könnte. Denn das Anliegen, Menschen mit und ohne Behinderung miteinander in Kontakt zu bringen, ist sinnvoll und muss gefördert werden. Solche Begegnungen unter Anleitung von erfahrenen Pädagoginnen und Pädagogen ermöglichen Kenntnisse über Ursachen und Folgen von Behinderungen, nehmen die Scheu bei Begegnungen, wirken Vorurteilen entgegen und können Chancen des mitmenschlichen Umgangs verbessern. Eine Möglichkeit wäre, die Kinder zeitlich begrenzt in gemeinsamen Projekten zusammenzuführen. Nicht Integration, sondern Kooperation: Unter welchen Voraussetzungen könnte das gelingen?

Projektwoche Zirkus

Vis-à-vis der Heilpädagogischen Schule ist eine Primarschule. Sie verfügt über einen großen Pausenplatz und eine große Spielwiese, was bei der Heilpädagogischen Schule fehlt. Eines Tages erhielt die Heilpädagogische Schule die Anfrage des Zirkus »Pipistrello«, ob sie an einem Zirkusprojekt interessiert sei? Ja, grundsätzlich schon, aber wo sollte das Zirkuszelt stehen? Die Zirkustruppe »Pipistrello« ist darauf spezialisiert, mit Schulen, auch heilpädagogischen, im Rahmen einer Projektwoche ein Programm einzustudieren. Der Höhepunkt der Woche ist jeweils eine Aufführung für die Eltern der Kinder am Freitagnachmittag.

Die Heilpädagogische Schule nahm die Idee auf und fragte bei der Primarschule an, ob sie Interesse habe, mit ihnen, d. h. mit allen sechs Klassen der Heilpädagogischen Schule, an diesem Projekt teilzunehmen. Im Hintergrund stand der Gedanke der Kooperation durch die gemeinsame Gestaltung der Vorführung mit nicht behinderten und zum Teil sehr schwer beeinträchtigten Kindern. Dies musste natürlich mit allen Beteiligten gut vorbereitet werden.

Bald fand die Woche unter der Leitung der »Pipistrelli« statt. Das Projekt nahm Fahrt auf, es gab interessante Konstellationen. Die Zirkusleute erarbeiteten mit den Kindern eine Reihe von Szenen. Es waren Balancierübungen, Jonglagen oder kleine Fangübungen mit Reifen und Bällen – immer begleitet von Musik. Sie hatten stets die Möglichkeiten der Kinder im Auge und teilten ihnen jeweils unterschiedlich anspruchsvolle Aufgaben zu. Die Kinder der Primarschule übten z. B. einfache Pyramiden usw. I.d.R. übernahm eine der beiden Schulen die Gestaltung einer Szene. Ein Trompeter und ein Schlagzeug kündigten den Szenenwechsel an.

Bei den Proben konnte man sich unbeschwert kennenlernen. Es war interessant zu beobachten, wie das Erstaunen und die Verwunderung vor allem auf Seiten der nicht behinderten Kinder lag. Am Freitagnachmittag fand schließlich die Vorführung für alle Eltern und weiteren Gäste statt, die sich als Publikum bunt mischten. Es kamen viele Zuschauerinnen und Zuschauer. Alle hatten ihre helle Freude an diesem Zirkusprojekt, in dem sich alle Kinder so positiv, ihren Fähigkeiten entsprechend, zeigen konnten. Auch die Presse war da. Die Eltern der Kinder waren sehr begeistert und freuten sich über das Engagement der Kinder. Die Wärme an diesem Nachmittag kam nicht nur von der Sonne, sondern sie strahlte auch aus den Herzen der Kinder und der Zuschauenden. Während einer ganzen Woche waren sie in einem gemeinsamen Projekt verbunden gewesen. Die Kinder und die Eltern der beiden Schulen hatten sich eben nicht nur über den Zaun kennengelernt.

Selbstverständlich wurden die dabei gemachten Erfahrungen ausgewertet. War dieses Experiment einer Kooperation gelungen? Das Team der Heilpädagogischen Schule erhielt begeisterte Rückmeldungen der Eltern. Für die beiden Schulen hatten sich die Vorbereitung und der Verlauf der Projektwoche jedoch unterschiedlich dargestellt. Die Schulleitung und Lehrpersonen der Regelschule waren zu jenem Zeitpunkt sehr stark mit Schulentwicklungs- und Reformprojekten beschäftigt und der stets mit viel Aufwand verbundene Besuch der Fachstelle für Schulbeurteilung stand vor der Tür. Deshalb mussten sie ihre Zeit und Ressourcen bündeln und das Kooperationsprojekt war eher eine zusätzliche Belastung. Sie konnten sich deshalb nicht in gleichem Maß engagieren wie das Team der Heilpädagogischen Schule, das viel Zeit investierte und schon im Voraus manches geplant und vorbereitet hatte, von Einladungen für die Vorstellung bis zu einem Stand mit Zuckerwatte und Getränken. Auch hatte es durch die intensive Suche von Sponsoren die finanziellen Grundlagen gesichert. Es war deshalb nicht erstaunlich, dass es bei dieser einen gemeinsamen Projektwoche blieb und leider auch nicht zu vermehrtem Austausch zwischen den beiden benachbarten Schulen führte. In der gemeinsamen Auswertung kam das Team der Heilpädagogischen Schule zum Schluss, dass Angebot, Organisation und das Zusammenführen der Kinder für eine echte Kooperation eben nicht ausreichten.

Fallbeispiel: Milos – soziale Verbundenheit durch Teilintegration

Milos, ein körperlich sehr schwer behinderter Junge, besuchte regelmäßig für zwei Stunden in der Woche eine Regelklasse seines Wohnortes. Dies entsprach vor allem dem Wunsch seiner Eltern. Die Kinder vom Dorf sollten ihren Jungen auch kennenlernen und wissen, dass er mit ihnen im gleichen Dorf wohnte. Milos wurde ja jeden Tag zu Hause vom Schulbus abgeholt und in seine Schule gefahren, wo er meistens den ganzen Tag blieb. Durch das Projekt einer Teilintegration wollte man mehr Kontaktmöglichkeiten schaffen. Außer Milos waren noch etliche andere Kinder der Heilpädagogischen Schule in solche Teilintegrationsprojekte eingebunden – ungefähr ein Drittel aller Kinder. Für sie war eigens eine Heilpädagogin angestellt worden, welche die Organisation der Projekte durchführte und deren Begleitung übernahm. Das war ein wichtiger Teil der Schulkultur dieser Heilpädagogischen Schule und auf Initiative des Schulleiters eingeführt worden. Fast zehn Jahre lang – von 2001 bis 2010 – konnten sie so Erfahrungen sammeln und das Projekt auch in anderen Schulen vorstellen. Milos war nun eines der Kinder, das in dieses Projekt eingebunden war. In seinem Stundenplan war am Dienstagnachmittag der Aufenthalt in der Regelklasse seines Wohnorts vorgesehen. Es ging nicht darum, dass er dort aktiv am Unterricht teilnahm, das wäre nicht möglich gewesen, sondern dass er dabei sein konnte. Milos konnte seine Kolleginnen und Kollegen sehen und auch gut wahrnehmen, weil er kognitiv relativ stark war. Er konnte zwar nicht sprechen, verstand aber sehr gut, was man ihm sagte.

Das Team wusste, dass sich Milos jeweils auf diese zwei Stunden freute. Was ihm besonders gefiel, wusste es nicht; aber man konnte sehen, wie er sich freute und in einen leichten Erregungszustand geriet, wenn der Schulbus ihn in die Primarschule fuhr.
Die Primarlehrerin hatte das Thema Behinderung vorher ausführlich mit ihrer Klasse besprochen. Es war sicher ihr als erfahrener Lehrerin zu verdanken, dass ihre Schülerinnen und Schüler gegenüber Milos so freundschaftlich eingestellt waren. Sicher hing es auch mit der Stimmung in dieser Klasse zusammen, dass die Kinder den Wunsch äußerten, Milos einmal in seiner Schule besuchen zu dürfen. Natürlich war die Heilpädagogische Schule damit einverstanden und eines Tages erschien die ganze Primarklasse bei ihm in der Schule. Sie stellten sich gegenseitig vor und sangen und spielten gemeinsam. Eine Woche später besuchte die Heilpädagogin – ohne Milos – die Klasse und beantwortete alle Fragen, die bei den Schülerinnen und Schülern in der Zwischenzeit aufgetaucht waren. Die Kinder waren nun viel besser informiert und hatten eine Vorstellung davon, wer aus ihrer Nachbarschaft die Schule von Milos besucht und wie dort das Schulleben gestaltet ist.
Wiederum waren es die Kinder der Primarklasse, welche die Idee hatten, gemeinsam eine Theateraufführung zu gestalten. Das war eine optimale Voraussetzung für das Gelingen des Projekts und sie stieß allseits auf positives Echo. Wie sah nun das Theater aus? Angepasst an die Möglichkeiten der Kinder stand jeweils ein Kind aus den beiden Schulen vor dem Publikum. Das eine überreichte dem anderen Kind z. B. eine Blume – einen Gegenstand, der etwas zu den Vorlieben oder Interessen des Kindes aussagte – und das zweite Kind bedankte sich mit Worten oder mit Blicken. Das Primarschulkind erklärte danach dem Publikum, warum es diesen Gegenstand ausgesucht hatte und auch, was der Blick eines Kindes, das nicht sprechen kann, bedeutete – nämlich seine Freude über das erhaltene Geschenk. Die überschaubare Struktur und Thematik des Theaters entsprachen den Kindern beider Schulen. Es waren einfache Szenen, die aber auf gegenseitigem Verständnis und einer emotionalen Verbindung beruhten. Dieses Kennenlernstück wurde an einem gemeinsamen Elternabend uraufgeführt.
Alle freuten sich über die gelungene Kooperation. Sie fanden, es sei ein Gewinn für die Kinder, die in Verständnis und mitmenschlichem Verhalten bestärkt wurden, und damit auch für das Dorf, in dem Milos wohnt!

Zwischenhalt

Die beiden Beispiele zeigen, dass die Idee einer Kooperation oder Teilintegration durchaus ein gangbarer Weg wäre, Kinder mit und ohne dauerhafte Behinderung zusammenzuführen. Mögliche Projekte ergeben sich aus der jeweiligen Lebenswelt der Kinder. Das bietet die Gewähr, dass sie auf die individuellen Bedürfnisse und Möglichkeiten der Kinder zugeschnitten sind. Für die beteiligten Schulteams bedeuten solche Projekte natürlich stets einen unter Umständen erheblichen Mehraufwand. Darum setzen sie echtes Interesse und die Bereitschaft voraus, sich zu engagieren. Angebote, Organisation und finanzielle Absicherung allein genügen nicht. Vielleicht liegt darin der Grund, warum das Projekt keine Nachahmer in anderen Schulen fand und nach dem Weggang des Schulleiters abgebrochen wurde. Kooperations- und Teilintegrationsprojekte stellen hohe menschliche Anforderungen. Sie können deshalb nicht verordnet werden! Sonst bleiben es Projekte, die im luftleeren Raum stehen und eher als zusätzliche Belastung empfunden werden anstatt als Begegnung, die für alle bereichernd ist.

9 Kinder mit Verhaltens- oder Lernproblemen besser verstehen

Einige der Leserinnen oder Leser mögen nun denken: »Das kann ja sein, dass man die Integrations-/Inklusionskonzepte für Menschen mit einer kognitiven Beeinträchtigung nochmals überdenken muss. Hier wären Kooperationsmodelle oder gar Separationsmodelle allenfalls ein besserer Weg. Aber für alle anderen Kinder und Jugendlichen ist ›eine Schule für alle‹ das Richtige und das ist auch die Forderung der UN-Konvention, wie wir sie verstehen. Davon rücken wir nicht ab.« Wie wir im Folgenden zeigen werden, können wir dieser Argumentation nicht kritiklos folgen, weil sie wiederum wichtige Aspekte außer Acht lässt, auch wenn es beruhigend wäre, *die* Lösung gefunden zu haben.

Wie eingangs erwähnt, haben wir die bisherigen Beispiele bewusst dem Alltag einer Heilpädagogischen Schule für Kinder und Jugendliche mit einer kognitiven Beeinträchtigung entnommen. Sie zeigen deutlich die Anforderungen einer fachgerechten Förderung auf und verweisen auf schwerwiegende Probleme, die im Rahmen von Integrations-/Inklusionsbemühungen in der Regelschule trotz großen Bemühens entstehen können und u. E. die Erfüllung der UN-Behindertenrechtskonvention behindern oder gar verhindern.

Schauen wir nun andere Kinder mit besonderen Bedürfnissen an, seien es Verhaltens- oder Lernprobleme – heute i.d.R. mit einer psychiatrischen Diagnose verbunden –, so stellt sich aus unserer Sicht und Erfahrung die Fragestellung sehr ähnlich. Wir sind zuvor auf Probleme eingegangen, die sich in Zusammenhang mit dem sozialen Umfeld, der spezifischen Methodik, fehlenden Fachkenntnissen, der Vorbereitung auf ein selbstbestimmtes Leben, ethischen Fragestellungen und den Auswirkungen auf den Schulbetrieb ergeben können. Dieselben Fragestellungen ergeben sich auch bei der Förderung von Kindern, die aus anderen Gründen im Rahmen der Regelklasse auffallen. Diese Kinder standen in letzter Zeit immer wieder im Mittelpunkt von kritischen Diskussionen bezüglich der Integration/Inklusion und galten als Störenfriede, die anderen Kindern das Lernen verunmöglichen, speziell dann, wenn sie durch ihr Verhalten auffielen. Die in den Medien zitierte Forderung nach der Wiedereinführung von speziellen Klassen oder Schulen richtete ihren Blick meist auf die eine

Seite: auf die Störung der Bedürfnisse der sog. »normalen« Schüler und Schülerinnen. Wir richten ihn nun auf die, die als Störenfriede gelten und betrachten die Probleme aus ihrem Blickwinkel.

Fallbeispiel: Philipp – impulsiv, unaufmerksam, schnell frustriert

Philipp war wegen seines Verhaltens bereits im Kindergarten aufgefallen. Er konnte kaum ruhig bei einer Aufgabe verweilen, tigerte im Raum herum und ärgerte die anderen Kinder. Als er in die erste Klasse kam, wurden seine Probleme noch offensichtlicher. Zwar hatte man den Eindruck, dass er ein gutes kognitives Potenzial hatte und sehr ehrgeizig war. Trotzdem fiel er auch hier schon nach wenigen Tagen durch sein umtriebiges, störendes Verhalten und schwache Leistungen auf. Philipp fand sich offensichtlich in der neuen Situation nur schwer zurecht. Der Unterricht erforderte von ihm ein hohes, für ihn ungewohntes Maß an Selbstständigkeit. Die Lehrerin hatte den Unterricht auf Wochenplan und Atelierbetrieb umgestellt, in denen sich die Kinder eigenständig mit den Aufgaben befassen, experimentieren, ihren Lösungsweg reflektieren und dokumentieren und ihre Gefühle mit Smileys darstellen sollten. Diese Unterrichtsform brachte eine erhebliche Unruhe und Betriebsamkeit ins Klassenzimmer. Es gab kaum Phasen, in denen alle Kinder an ihrem Platz saßen und konzentriert und ruhig arbeiteten. Für Philipp war das sehr schwierig. Sein schon im Kindergarten beobachtetes Verhalten wurde noch ausgeprägter. Er konnte sich kaum aufs Lernen einlassen. Er begnügte sich mit schnell erbrachten, schludrig gelösten Arbeitsblättern. Seine Dossiers waren aber oft nur zur Hälfte gelöst, wenn das nächste Thema eingeführt wurde. Schnell entstanden Lücken im Stoff, die den weiteren Aufbau des Lernstoffs beeinträchtigten. Philipp war immer unsicher und verlegte sich oft aufs Raten. So konnte er kein Fundament im Lernstoff aufbauen, das ihm Sicherheit fürs weitere Lernen gegeben hätte. Er beobachtete aber sehr wohl, dass das bei anderen Kindern nicht so war. Einige erzählten ihm auch, dass sie zu Hause mit den Eltern arbeiten würden. Philipps Mutter machte das nicht, weil sie dachte, dass dies der Arbeitsbereich der Lehrerin wäre, in den sie sich nicht einmischen wolle. Zudem fand sie sich auch mit dem Arbeitsmaterial nur schlecht zurecht. Ständig wechselten die Aufgabentypen und immer musste man einen »schlauen« Weg herausfinden. Sie hätte auch mehr Sorgfalt von ihrem Sohn verlangt, aber offensichtlich achtete man heute nicht mehr so darauf, dachte sie. Ihr fiel auch auf, dass viele Blätter nicht oder falsch korrigiert waren. Um die Kin-

der zu Eigenverantwortung anzuleiten, durften sie ihre Arbeitsblätter selbst korrigieren. Philipp machte das auch, aber er »übersah« die doch so unangenehmen Fehler oder korrigierte sie ohne viel Nachdenken über die vorgegebenen Resultate. Hin und wieder versuchte Philipp sich an einer Zeichnung. Es war auch da deutlich, dass er noch wenig Übung hatte. Seine Ansprüche waren unrealistisch hoch, aber er bemerkte auch, dass andere Kinder doch wesentlich geschickter waren und zu besseren Ergebnissen kamen. In solchen Situationen reagierte er sehr impulsiv, schmiss Pinsel und Farbe auf den Boden, schimpfte und schrie herum und zerriss seine Zeichnung. Wenn die Lehrerin ihm nicht zuvorkam, attackierte er auch seine malenden Kolleginnen und Kollegen, leerte ihnen Wasser über die Zeichnungen und schlug sie. Selbstverständlich war sein Verhalten für die anderen Kinder, aber auch für ihn nicht akzeptabel und schmerzlich. Es war klar, dass es nicht so weitergehen konnte. Deshalb wurde eine Abklärung durch den Kinder- und Jugendpsychiatrischen Dienst in die Wege geleitet, sie ergab eine Aufmerksamkeits-Defizit-Hyperaktivitäts-Störung (ADHS). Philipp erhielt entsprechende Medikamente, auch wenn das den Eltern Unbehagen bereitete, denn sie hatten sich gründlich damit befasst und wussten, dass es keinen Biomarker für diese Diagnose gab. Aber sie wollten unbedingt, dass ihr Sohn in der Klasse bleiben durfte. Also musste er ruhiger werden. Die Lehrerin achtete fortan darauf, eine ihm entsprechende Lernumgebung zu bereiten. Sie gab ihm einen Platz mit einem Fluchtweg, wie es ihr die Heilpädagogin riet, und bestätigte positives Verhalten mit einem Spielzeugfrosch, der eine Leiter hinauf-, aber leider auch wieder hinunterklettern konnte. Am Anfang machte das Philipp Spaß und die Situation beruhigte sich etwas, zumal er nun einige Stunden in der Woche mit der ihm zugeteilten Heilpädagogin alleine arbeiten durfte. Entgegen den üblichen Gepflogenheiten ging sie dafür mit ihm in einen speziellen Raum und es zeigte sich schnell, dass er dann viel besser arbeiten konnte. Nur waren das Ausnahmesituationen, denn außer Philipp gab es noch fünf andere Kinder, die in ähnlicher Weise aufgefallen waren. Philipp war zwar weiterhin in der Klasse anwesend, aber eine wirkliche Verbesserung war nicht festzustellen. So versuchte man noch weitere Maßnahmen und Angebote, um Fortschritte zu erreichen. Philipp erhielt den Status als Integrierter Sonderschüler in der Regelklasse (ISR), sodass der Schulischen Heilpädagogin mehr Stunden pro Woche für die Förderung von Philipp zur Verfügung standen, allerdings meist mit anderen Kindern zusammen. Die übrige Zeit war eine Klassenassistenz da, die sich zusätzlich um ihn kümmern konnte. Er machte ein Anti-Aggressionstraining und erhielt Ergotherapie. Doch trotz allen Bemühens verbesserte sich die Situation nicht, sodass man schließlich die Überweisung in eine Sonderschule andachte und letztlich auch realisierte. Bis dahin waren drei Schuljahre vergangen.

So beschrieben Philipps Eltern die Situation ihres Sohnes, als sie ihn an der Sonderschule vorstellten. Aus der Beschreibung lassen sich verschiedene Probleme erkennen, die sich bei der Integration ergeben hatten und bei der künftigen Arbeit mit Philipp einbezogen werden mussten. Nur dann würde er sein offensichtlich vorhandenes Potenzial entfalten können:

Philipp kann sich nur schlecht konzentrieren, er ist impulsiv und hat wenig Ausdauer. Für ihn ist ein gut strukturierter und rhythmisierter Unterricht wichtig, in dem sich ruhige Arbeitsphasen abwechseln mit dialogischem Lernen, sodass er durch die Rückmeldungen der Lehrkräfte und der anderen Kinder Anregung und Sicherheit für den eigenen Lernprozess erhalten könnte. Er sollte den Lernstoff in intensiven Übungsphasen vertiefen und festigen, sodass er das fehlende Fundament aufbauen, Unverstandenes klären und die vielen, in den vergangenen Schuljahren entstandenen Lücken füllen konnte. Das würde sein Gefühl der Selbstwirksamkeit stärken und könnte ihn ermutigen, nicht einfach den Weg des geringsten Widerstandes zu suchen, sondern seine Fähigkeiten richtig einzuschätzen und sich zunehmend auch an anspruchsvollere Aufgaben heranzuwagen. Es ist zu vermuten, dass sich Philipp gerne auf spielerische Übungsformen einlassen würde, bei denen er, ohne sich für sein Gefühl zu blamieren, das nötige Training im Lernstoff bewältigen könnte. Der wichtigste Punkt aber wird für Philipp eine gute und stabile Beziehung zu seiner Lehrerin sein, die seine Lernbiografie und seine Bedürfnisse kennt, ihm bei Stolpersteinen beispringen könnte, ihn aber auch zu Lernschritten sowohl im kognitiven als auch im sozial-emotionalen Bereich herausfordern und begleiten kann. Wenn immer möglich, sollte die Lehrerin versuchen, eine gute Zusammenarbeit mit den Eltern aufzubauen. Der Einblick in die Familie und die Erziehungssituation ist immer hilfreich. Oft zeigen sich auch da seit Jahren angebahnte Fehlentwicklungen, die erschwerend sind, aber auch jederzeit verändert werden können.

Die bisherige Lernsituation wurde diesen Bedingungen nicht gerecht, sowohl die Unterrichtsstruktur als auch das hohe Maß an Selbstverantwortung waren für Philipp (und vermutlich nicht nur für ihn) nicht passend und überfordernd. Es fehlten für seine Bedürfnisse, um nur einiges anzuführen:

- ein klar strukturierter Unterricht
- ruhige Lernphasen
- sorgfältig aufgebauter Lernstoff
- die Anleitung zu sorgfältigem Arbeiten
- Korrektur und Rückmeldung durch die Lehrkraft

Grundlage für eine solche Lernumgebung ist eine enge, haltgebende Beziehung zu seiner Lehrerin oder seinem Lehrer, die Philipp (und die anderen Kinder) an Aufgaben heranführen und ihm zeigen, wie man sich mit den anderen Kindern verbindet und Freundschaften aufbaut.

Philipp bewegte sich bisher eher wie ein Skifahrer, der kaum den Stemmbogen beherrscht, aber an sich den Anspruch stellt, die schwarze Piste herunterzufahren, wo ein schwerer Sturz kaum zu vermeiden ist. Ein solcher Skifahrer wird seine Skier verständlicherweise bald in die Ecke stellen und ein neues Feld suchen, von dem er sich mehr Erfolg verspricht. Oder eben, wie im Fall von Philipp, das kontinuierliche Lernen verweigern und seine Geltung in auffälligem Verhalten suchen.

Im folgenden Beispiel geht es weniger um störendes Verhalten, denn das betroffene Mädchen war im Gegenteil still und unauffällig. Hingegen schaffte sie es nicht, dem geforderten Lernniveau auch nur ansatzweise zu genügen. Seit einigen Jahren ist es üblich geworden, in den Klassen unterschiedliche Leistungsgruppen zu bilden und dazu einen individualisierenden Unterricht anzubieten. Oft dürfen die Kinder selbst bestimmen, welches Anspruchsniveau sie passend finden, ob es nun »Mini«, »Midi« oder »Maxi« sein soll, oder wie immer man die Namen dafür wählt. In einer solchen Klasse war auch Samira, deren Lernweg im Folgenden dargestellt werden soll.

Fallbeispiel: Samira – unauffällig, aber lernschwach

Samira ist ein kleines, stilles Mädchen, mittlerweile steht sie vor dem Übertritt in die Oberstufe. Schon in der Unterstufe saß sie oft in ihrer Schulbank und staunte, was da rund herum so alles los war. Sie fiel nicht groß auf. Nur mit den Buchstaben und Zahlen hatte sie es nicht so. Sie arbeitete gerne mit ihren Arbeitsblättern, die schön illustriert und ansprechend aufbereitet waren. Es ging z. B. um die Buchstaben des Alphabets. Sie versuchte immer wieder, sich zu merken, welcher Laut zu welchem Buchstaben gehörte und aus welchen Kringeln und Strichen sie zusammengesetzt waren. Den Bewegungsablauf, wie sie zu schreiben sind, hatte sie selbst erfunden, denn das hatte ihr niemand gezeigt oder sie hatte es gleich wieder vergessen. Dann malte sie lange und ausführlich die zugehörigen Bilder an. Sie hörte zu, was die Lehrerin erklärte, und schnappte das eine oder andere auf, vieles verstand sie nicht. Manchmal beobachtete sie die anderen Kinder, die eine Geschichte lasen und Fragen beantworteten oder mit dem Tablet übten. Samira hatte auch ein Tablet mit einem Lernprogramm, das zu ihrem Lernniveau passte. Das machte sie ganz gerne, sie hatte nämlich herausgefunden, dass man bei einigen Übungen einfach probieren musste, bis man zur richtigen Lösung kam. Nach einiger Zeit waren der Lehrerin natürlich ihr Lernverhalten und auch die mangelnden Fortschritte aufgefallen und auch die Eltern waren in großer Sorge. Mit den größeren Geschwistern hatten sie keine Probleme gehabt. Sie machten anspruchsvolle Berufslehren. Darum wurden am Ende der ersten Klasse Samiras kognitiven Fähigkeiten abgeklärt. Der Intelligenztest ergab einen tiefen Wert, aber doch so, dass keine kognitive Beeinträchtigung anzunehmen war. Hingegen war eine auditive und visuelle Merkfähigkeitsproblematik festgestellt worden. Seither ging Samira einmal wöchentlich in eine Therapie, um die mangelnden Fertigkeiten zu trainieren. In der Schule hatte sie angepasste Lernziele und einige Stunden bei der Heilpädagogin, die sie genoss. In der Klasse fiel sie nicht groß auf, sie war ein stilles, scheues Mädchen. Aber sie beobachtete sehr wohl, dass die anderen Kinder viel anspruchsvollere Aufgaben hatten und dass man sie bei Teamarbeiten nur zögernd einbezog. Sie war einfach dabei, mehr nicht. Bemerkungen wie »Dummkopf« oder »die kommt wieder nicht drauf« taten weh. Für sie war auch klar, dass sie ein schweres Problem hatte, denn in den Standortgesprächen waren verschiedenste Personen versammelt, die Pläne für sie machten. So wurde sie immer stiller, in die Schule ging sie nicht gern und sie fühlte sich auch oft krank und wollte zu Hause bleiben. Als es dann um den Übertritt in die Oberstufe ging, war klar, dass es für Samira kein Angebot gab, das ihren Bedürfnissen gerecht wurde. Wieder saß man zusammen.

Oft ist eine solche Situation Anlass zum Überdenken, ob der eingeschlagene Weg für dieses Kind der richtige ist. Bei Samira erfolgte das sehr spät, sie hatte die ganze Primarschule im integrativen Setting verbracht. Nun war klar, dass dieser Versuch gescheitert war und sie besser die Oberstufe einer Sonderschule für Kinder mit Lernschwierigkeiten besuchen sollte. Samira war durch die bisherigen schulischen Erlebnisse sehr entmutigt. Wegen ihrer stillen und scheuen Art war sie untergegangen. Ihre Leistungsschwächen hatte man sich durch diagnostische Kriterien erklärt und mit entsprechenden therapeutischen Mitteln angegangen. Alles in bester Absicht! Dass diese Überlegungen nicht genügten, zeigte sich in den folgenden Oberstufenjahren. Samira war nun mit Kindern zusammen, die leistungsmäßig ein vergleichbares Niveau hatten. Sie erarbeiteten sich den Lernstoff unter Anleitung der Lehrerin und übten gemeinsam. Das Arbeitsmaterial war zwar kleinschrittig, aber nicht unterfordernd aufgebaut. Es entstand eine natürliche, belebende Konkurrenz, bei der alle die Chance hatten, auch mal ganz vorne zu sein. Der ständige Vergleich mit den leistungsstärkeren Kindern fiel weg. Samira war aber durch die vielen Erlebnisse in den vorangegangenen Schuljahren schnell entmutigt. Sie hatte einfach vieles verpasst und realisierte jetzt, mitten in der Pubertät, noch viel deutlicher, wo sie leistungsmäßig stand. Nun war es eine anspruchsvolle Aufgabe, dass sie sich nicht darauf verlegte, sich durch modisches Aussehen und Aktivitäten in den Sozialen Medien Geltung zu verschaffen und insbesondere beim anderen Geschlecht anzukommen. Es war für die Eltern und die Lehrpersonen eine große Herausforderung, Samira dafür die nötige Orientierung zu geben. Da sie jetzt aber gerne zur Schule ging und offensichtlich spürte, dass sie in ihrer Lehrerin eine gute Wegbegleiterin hatte, die ihr auch zu Erfolg verhalf, ließ sie sich allmählich wieder aufs Lernen ein. Bald fasste sie auch, wie die anderen Jugendlichen der Klasse, ein berufliches Ziel ins Auge. Sie wollte Fachfrau für Betreuung in einem Altersheim werden. Sie wusste aber auch, dass sie die dazu nötigen schulischen Voraussetzungen noch nicht hatte und sie dieses Ziel nicht ohne Anstrengung und Rückschläge erreichen würde.

Kooperation: Zwei Schulen unter einem Dach

Die oben angesprochene Kooperation ist auch bei Kindern und Jugendlichen mit Verhaltensproblemen und Lernschwierigkeiten möglich, wie das folgende Beispiel zeigt:

Eine Schule für Kinder und Jugendliche mit Verhaltensauffälligkeiten und Lernproblemen ist im gleichen Schulhaus untergebracht wie eine Privatschule. Die beiden Schulen haben eine gemeinsame Geschichte und sind sozusagen miteinander groß geworden. So haben sie im Laufe der Jahre in

sorgfältiger Aufbauarbeit ein Kooperationsmodell entwickelt, das immer wieder verbessert und an neue Herausforderungen angepasst wurde.
Die beiden Primarschulen werden parallel geführt. So kann in der Sonderschule gut auf die besonderen Bedürfnisse der Kinder eingegangen werden, ohne sie zu überfordern. Die Kinder der Privatschule orientieren sich konsequent am Lehrplan der Regelschule. In der Sonderschule ist der Unterricht gut gegliedert und rhythmisiert und es wird auf ruhige Lernphasen geachtet. Die Lernziele des Lehrplans bilden die Grundlage, doch der Lernstoff wird kleinschrittig und logisch aufgebaut, sodass das oft löchrige Fundament allmählich an Festigkeit gewinnt und die Kinder mutiger werden, auch Schwierigeres anzupacken. Dieses didaktische und methodische Prinzip gibt gerade diesen Kindern den geeigneten Rahmen, die vorher durch Unruhe, Unkonzentriertheit und Stören aufgefallen sind und sich kaum auf den Lernstoff konzentrieren konnten. Sie können innerlich zur Ruhe kommen und sich auf die Arbeit konzentrieren. Viele von ihnen haben eine oder gar mehrere Diagnosen wie ADHS oder Aufmerksamkeits-Defizit-Syndrom (ADS) oder auch eine Autismus-Spektrum-Störung (ASS). Dieses durch die Diagnose festgehaltene Zustandsbild ist jedoch nicht End-, sondern Ausgangspunkt der Förderung, immer mit dem Ziel der Veränderung. Für die Kinder und Jugendlichen ist eine wohlwollende, aber konsequente Haltung beim Einhalten von Klassenregeln und gegenseitiger Rücksichtnahme wichtig. Entscheidend für das Gelingen dieses Prozesses sind verbindliche Beziehungen zu den Lehrpersonen, die ihnen den nötigen inneren Halt geben und sie diesbezüglich fördern und fordern. Der kleine soziale Rahmen und die Fachkenntnisse der Lehrerinnen und Lehrer ermöglichen dies. Durch die Mehrklassengruppen besteht auch die Möglichkeit, dass größere Kinder den kleineren helfen. Das stärkt alle in ihrem Gefühl der Selbstwirksamkeit und sie erleben, dass Würde und Respekt im Umgang für alle wohltuend ist.
Trotz des getrennten Unterrichts hat diese Sonderschule im Laufe der Zeit verschiedene Berührungspunkte zu den Kindern der Regelschule im gleichen Haus aufgebaut, z. B. durch gemischte Gruppen im Werken, Zeichnen und in der Musik. Auch essen die Kinder und Jugendlichen zusammen Mittag und verbringen die Pausen gemeinsam. Schulfeste werden gemeinschaftlich gestaltet und auch das Skilager ist für alle Kinder offen. So entstehen viele Freundschaften unter den Kindern und die Frage, wer in welche Schule geht, ist unter ihnen kein Thema. Das hängt selbstverständlich auch mit den

Lehrpersonen zusammen, die sehr natürlich mit dieser Situation umgehen. So kann Kooperation gelingen.
In der Oberstufe können die Jugendlichen im Rahmen der Privatschule in die Schule gehen. Sie erhalten, wo nötig, Unterstützung und spezielle Förderung. Einige von ihnen brauchen das recht intensiv, aber nicht nur wegen stofflichen Problemen, sondern weil sie eine engere Begleitung brauchen und der soziale Rahmen in der Klasse noch überfordernd ist. Andere brauchen dies nicht und es reicht, dass sie in der Beziehung zur Lehrperson genügend Halt haben; dazu gehören auch überschaubare Klassengrößen. Diese Form der Kooperation könnte man als Integration light beschreiben. Wichtig ist, dass auch hier die Unterrichtsgestaltung passend ist. Aber davon profitieren alle Jugendlichen, denn eine auf gemeinschaftliches Lernen ausgerichtete Unterrichtsgestaltung, Anleitung und vor allem starke Lernbeziehungen entsprechen modernen Erkenntnissen der Didaktik und Psychologie. Eine echte Win-win-Situation! Dieses Kooperationsmodell hat sich sehr bewährt und die meisten Jugendlichen finden eine Lehrstelle im ersten Arbeitsmarkt oder besuchen eine weiterführende Schule. Dieser Prozess braucht aber seine Zeit. Bedauerlicherweise wechseln heute immer mehr Kinder und Jugendliche erst nach problematischen Integrationsexperimenten in der Regelklasse an eine Sonderschule. Das macht es für sie nicht leichter, wieder Tritt zu fassen und ihre Aufgaben in der Schule und ihrem sozialen Umfeld konstruktiv wahrzunehmen, und die Zeit bis zum Schulaustritt ist knapp. Dennoch sind die Lehrerinnen und Lehrer überzeugt, dass sich das Kooperationsmodell, das sich bei ihnen bewährt hat, auch in öffentlichen Schulen umsetzen ließe.

Zwischenhalt

Es würden sich hier noch weitere Beispiele anfügen lassen. Viele dieser Kinder haben eine psychiatrische Diagnose. Heute ist es die Regel, alle Kinder in die Regelklasse einzuschulen, immer mit dem Ziel, die Forderungen der nationalen und internationalen Behindertenrechtskonventionen zu erfüllen, obwohl diese auch andere Wege ermöglichen würden. Oft wird nach einigen Schuljahren die integrative Schulung abgebrochen und eine separative Lösung eingeleitet. Leider ist bis dahin viel Zeit vergangen. Beim Eintritt (beispielsweise in eine Sonderschule) tragen die Jugendlichen eine schwer belastete Lernbiografie mit sich, möglicherweise verbunden mit Pubertätsproblemen. Viele sind sehr entmutigt, haben das Gefühl, versagt zu haben und wertlos zu sein. Diese Grundstimmung ist verhängnisvoll und oft haben sie auch problematische Verhaltensweisen angenommen, sei es übermäßiger Medienkonsum, eine Suchtproblematik oder sie suchen Anschluss an wenig konstruktive Jugendliche, während das Lernen immer mehr in den Hintergrund gerückt ist. Hier einen Weg mit einer positiven Zukunftsperspektive zu finden, ist nicht nur für die betroffenen Schülerinnen und Schüler, sondern auch für ihre Familien und natürlich auch für die Lehrpersonen ausgesprochen herausfordernd. Auch hier könnten Kooperationsmodelle ein Ausweg sein – kreative, engagierte und fähige Lehrerinnen und Lehrer gäbe es genug.

10 Zusammenfassung oder: Was zu sagen bleibt

Gleichstellung ist mehr als bloße Anwesenheit

In den beschriebenen Beispielen legen wir dar, was aus fachlicher Sicht und Erfahrung nötig ist, um das in der UN-Behindertenrechtskonvention und den nationalen Gesetzgebungen festgelegte Recht auf Gleichstellung von Menschen mit einer kognitiven Beeinträchtigung umzusetzen. In den Beispielen aus der täglichen Schulpraxis wird deutlich, dass dazu mehr gehört als deren bloße Anwesenheit im Umfeld einer Regelschule. Sich als gleichwertig akzeptiert und geschätzt zu fühlen, beinhaltet mehr und ist anspruchsvoller. Dies haben wir an Beispielen von Kindern und Jugendlichen mit einer kognitiven Beeinträchtigung beschrieben, es gilt aber im Grunde für jedes Kind.

Vertrauensvolle Beziehungen, Fachwissen und spezifische Methodik

Gerade diese speziell vulnerable Gruppe von kognitiv beeinträchtigten Kindern und Jugendlichen verdient es aber, dass ihren besonderen Bedürfnissen sorgsam Rechnung getragen wird. Dazu gehören tragfähige, verbindliche Beziehungen zu ihren Lehr- und Betreuungspersonen. Genauso wie andere Kinder schöpfen auch sie daraus den Mut für ihre nächsten Lernschritte. Dieser emotionale Halt ist eine Voraussetzung für einen erfolgreichen Lernprozess. Wie soll im überlasteten Setting der heutigen Integrationspraxis diese grundlegend wichtige persönliche Beziehungsgestaltung zwischen Erwachsenen und den Kindern oder Jugendlichen möglich sein?

Darüber hinaus ist die individuelle Förderung dieser Kinder – nicht nur kognitiv – gebunden an eine spezifische Methodik, aufbauend auf entsprechendem Fachwissen. Sie ist dem Prinzip der Anschaulichkeit verpflichtet und bezieht den individuellen sozial-emotionalen Entwicklungsstand ein.

Ein selbstbestimmtes Leben als Ziel

Im Hinblick auf ein späteres selbstbestimmtes Leben erhält bei Kindern und Jugendlichen mit einer kognitiven Beeinträchtigung das Einüben von Alltagskompetenzen besondere Bedeutung und gehört zu einer fachgerechten Förderung, die den intellektuellen und sozial-emotionalen Entwicklungsstand zum Ausgangspunkt nimmt. Erst dies macht die notwendigen, fein abgestimmten Teilschritte eines erfolgreichen Lernprozesses möglich. In den meisten Fällen ist er an speziell ausgebildete Fachpersonen und spezifische Fachkenntnisse in einem entsprechenden heilpädagogischen Umfeld gebunden, in dem oft auch pflegerische Aufgaben übernommen werden.

Dazu gehört auch ein soziales Umfeld, in dem die Kinder und Jugendlichen mit ihrer Art, in der Welt zu stehen, auf ein echtes, positives Echo stoßen und als gleichwertig wahrgenommen werden. Dann können sie mit ihren Mitlernenden ein Beziehungs- und Freundschaftsnetz aufbauen, das sie wiederum in ihrem Gefühl der Selbstwirksamkeit und des Geachtet-Seins stärkt. Warum hier eine speziell dafür konzipierte Heilpädagogische Schule in den allermeisten Fällen nicht am besten geeignet sein soll, leuchtet uns bis jetzt nicht ein.

Advokatorischer Ethik verpflichtet – keine Bagatellisierung und Trivialisierung

Für Heilpädagoginnen und Heilpädagogen, die in diesem Arbeitsfeld tätig sind, ist eine wertorientierte Heilpädagogik handlungsleitend und sie fühlen sich einer advokatorischen Ethik verpflichtet. Sie stehen deshalb mit ihrer ganzen Persönlichkeit und ihrem Fachwissen für die ihnen anvertrauten Kinder und Jugendlichen ein, nehmen von Behinderung betroffene Menschen in ihrer Lebens- und Entwicklungsgeschichte wahr und beziehen alle Möglichkeiten der Förderung in ihre Arbeit ein. Dazu gehört, wann immer möglich, eine fruchtbare Zusammenarbeit mit den Angehörigen.

Wenn die Möglichkeiten von Förderung nicht bekannt sind, können sie auch nicht genutzt werden; wenn kein Bedarf erkannt wird, wird auch nicht gehandelt. Die Befürwortenden gut gemeinter Integrations-/Inklusionsexperimente müssen sich deshalb die Frage stellen, ob sich ihr Blick nicht einseitig auf die »Anwesenheit« in einem »normalen« Umfeld beschränkt und andere Aspekte vernachlässigt werden. Mit der Integration/Inklusion ist u. E. deshalb stets die Gefahr einer Bagatellisierung und Trivialisierung der spezifischen Behinderung verbunden. Mit anderen Worten: Es müsste aufgrund der bisherigen Erfahrungen dringend die Diskussion geführt werden, ob Menschen mit einer Behinderung durch die Integration/Inklusion ihr Recht auf eine angemessene Bildung tatsächlich einlösen können, wie es in der UN-Konvention und nationalen Gesetzgebungen als Bedingung für eine Gleichstellung gefordert wird. Bildung als Persönlichkeitsbildung hin zu größtmöglicher Selbstständigkeit und Eigenverantwortung: Ist sie in einer Schule für alle möglich?

Erfahrungen ernst nehmen – Integration in der Kritik

Vielerorts wurde diese Problematik schon vor einigen Jahren erkannt – zumindest zeitweise. So wurde beispielsweise 2009 das geplante neue sonderpädagogische Konzept im Kanton Zürich – aus unterschiedlichen Gründen – bereits in der Stellungnahme in Bausch und Bogen abgelehnt; der Kanton Bern rief zur Entschleunigung bei der schulischen Integration auf; der Kanton St. Gallen löste die Kleinklassen nicht auf und auch in Deutschland kam die Integration, wie eine groß angelegte Studie im Jahre 2009 zeigte, in diversen Bundesländern zum Stillstand.

Trotz dieser Erfahrungen blieb die Integration/Inklusion vor allem bei den Bildungsverantwortlichen und Ausbildenden an den pädagogischen und heilpädagogischen Hochschulen ein Projekt, das man unbedingt weiterführen wollte. Einwänden aus der Praxis wurde mit dem Argument begegnet, dass es eben mehr Zeit und finanzielle sowie personelle Ressourcen brauchen würde. Man konnte den Eindruck gewinnen, dass sie den Bezug zur Praxis verloren hatten.[1]

Nicht nur seitens der heilpädagogischen Fachpersonen wurden Bedenken eingebracht. Auch die Klassenlehrer und Klassenlehrerinnen in den Regelklassen fanden und finden es schwierig, dem durch die Integration/Inklusion immer breiter werdenden Spektrum von Schülerinnen und Schülern gerecht zu werden. Kinder und Eltern beklagen sich, dass im Schulzimmer ein konzentriertes Arbeiten kaum möglich sei wegen der dauernden Unruhe und des Lärmpegels, der durch die Anwesenheit und das Kommen und Gehen der zusätzlich anwesenden Fachpersonen (Heilpädagogen und Heilpädagoginnen, Lehrpersonen für Deutsch als Zweitsprache, Therapeutinnen und Therapeuten) verursacht werde. Die im integrativen Setting arbeitenden Heilpädagoginnen und Heilpädagogen bemängelten, dass sie viel zu wenig Zeit für die einzelnen Kinder hätten.

1 Vgl. u. a. die Neuerscheinung von Sahli Lozano et al. 2021, die den Prozentrang der Integration in den Kantonen durch Anklicken, jährlich angepasst, erkennbar und vergleichbar machen will und offen als Durchsetzungsinstrument deklariert wird, in Anlehnung an die PISA-Kompetenzvergleiche.

Eltern monierten, dass Kinder mit Verhaltensauffälligkeiten ein ruhiges, konzentriertes Lernen verunmöglichten.

Das Gegenteil einer Win-win-Situation: Alle verlieren

Als Reaktion gibt es in manchen Schulen plötzlich wieder versteckte Kleinklassen, sie heißen nun »Lernzentren«, »Lerninseln«, »Zwischenhalt«, »Förderclub«, »Time-out-Gruppe«, »Auszeit-Klasse« usw. Das kann durchaus als Eingeständnis gewertet werden, dass man mit den Integrationsexperimenten an Grenzen gekommen ist und das Lernen vieler Kinder unter diesen Bedingungen erschwert oder gar verunmöglicht wird. Es hat sich mittlerweile auch gezeigt, dass sich der gemeinsame Unterricht in den meisten Fällen auf den gemeinsamen Aufenthalt im selben Raum beschränkt. Wenn es dort zu unruhig wird, wird das kognitiv beeinträchtigte Kind für eine konzentrierte Unterrichtsstunde in den Kopierraum oder in die Garderobe gesetzt, wo sich die heilpädagogische Fachkraft um ein eine gute Lernatmosphäre bemüht. Im Grunde für alle Beteiligten ein im höchsten Maße unwürdiges Lern-Setting. Alle verlieren, am meisten die Kinder mit besonderen Bedürfnissen.

Es ist also keineswegs eine Win-win-Situation, bei der Kinder mit und ohne Behinderung vom gemeinsamen Unterricht und Zusammensein profitieren. Das hatte man zu Beginn der Integrations-/Inklusionswelle oft gehört. Auch der letzte »Rettungsversuch« mit einem gemeinsamen Unterricht in den sogenannten »weichen Fächern« wie Singen, Turnen und Zeichnen erwies sich als Fehlüberlegung. Denn auch dort sind die Bedürfnisse der Kinder und Jugendlichen meilenweit auseinander, intellektuell, emotional und physisch.

»Heilpädagogische Fachkräfte dringend gesucht« – ökonomische Anreize als Lösung?

Obwohl die Heilpädagogischen Hochschulen seit Jahren zunehmend Ausbildungsplätze zur Verfügung stellen, werden allerorts heilpädagogische Fachkräfte gesucht. So war in einem Artikel der Aargauer Zeitung vom 24.6.21 zu lesen, dass für den stetig wachsenden Bedarf an heilpädagogischem Unterricht an Regel- und Sonderschulen dringend Heilpädagoginnen und Heilpädagogen gesucht würden. Das wirft verschiedene Fragen auf. Zum einen, warum der Förderbedarf stetig steigt. Zum anderen, wo die ausgebildeten Heilpädagogen und Heilpädagoginnen bleiben bzw. in welchem zeitlichen Umfang sie in ihrem Beruf tätig sind. Bei genauerem Hinsehen fällt auf, dass dieses Tätigkeitsfeld offenbar gerne als Teilzeitbeschäftigung wahrgenommen wird. So suchen die Schulen Jahr für Jahr oft vergeblich nach Fachpersonen und müssen sich dann mit Übergangslösungen zufriedengeben. Rund einem Drittel heilpädagogisch ausgebildeter Lehrpersonen stehen etwa zwei Drittel Lehrerinnen/Lehrer ohne die spezifische fachliche Qualifikation gegenüber; teilweise werden auch Studierende der Pädagogischen Hochschulen für diese anspruchsvolle Aufgabe eingesetzt. Wem ist damit gedient?

Um diese angespannte Situation anzugehen, wurde beispielsweise im Kanton Aargau eine breit abgestützte Motion eingereicht. Deren Ziel ist in erster Linie, den Bedarf an Fachkräften und damit den Fachbereich der Heilpädagogik breiter bekannt zu machen. Über den Anreiz größerer Verdienstmöglichkeiten möchte man mehr Interessenten für diesen Arbeitsbereich gewinnen. So erfreulich es ist, nur allein schon den wachsenden Bedarf an Fachpersonen überhaupt öffentlich anzusprechen und den Ist-Zustand offen zu problematisieren, so wenig ausreichend ist ein lediglich ökonomischer Anreiz. Dieser Beruf braucht Motivation, wie aus den im vorliegenden Buch dargestellten Praxisbeispielen in großer Vielfalt herzuleiten ist. Wie kann diese gestärkt werden?

Aus dem oben erwähnten »Notruf« im Kantonsparlament geht hervor, dass Integration/Inklusion die Regel- und Sonderschulen vor oft unlösbare Aufgaben stellt, dies personell und organisatorisch. Der bisher eingeschlagene Weg kommt offensichtlich in der Realität an seine Grenzen. Er darf deshalb keine Einbahnstraße bleiben und es fragt sich auch: Warum ist die Zahl der Kinder mit besonderen Bedürfnissen so stark gestiegen? In welcher Phase der schulischen Einrichtungen wäre ein anderer Zugang nötig gewesen? Welche Sicht des Kindes und der Bedeutung von Vorbild, Erziehung und adäquater Anleitung hätte für die Entwicklung hilfreicher sein können? Welche spezifischen Leitziele würden sich daraus ergeben?

Aus der Darstellung der Praxisbeispiele geht wohl klar genug hervor, dass es andere Überlegungen, einen viel breiteren Ansatz braucht, um dem einzelnen Kind in seiner Persönlichkeit jeweils gerecht zu werden und es so auf ein möglichst selbstbestimmtes Erwachsenenleben vorzubereiten.

Pflästerli-Pädagogik statt Nachhaltigkeit

Berichte von heilpädagogischen Maßnahmen, die an Regelschulen im Rahmen der Stundenkontingente getroffen werden, sind oft ernüchternd: Es fehlt bei der Förderung ein nachhaltiger Erfolg. Oft gewinnt man den Eindruck von »Pflästerli-Pädagogik«, die sich mit einem Minimum zufriedengibt (geben muss). Warum? Neben der organisatorischen Enge wirkt sich häufig das Fehlen eines ganzheitlichen Blicks auf den Menschen aus. Die Psychiatrisierung der Heilpädagogik seit den Achtzigerjahren hinterlässt ihre Spuren (vgl. Bonfranchi/Perret 2021). Es ist eine Frage des Menschenbildes, wo das Konzept der Förderung ansetzt. Besonders offenkundig ist das im Bereich von Kindern und Jugendlichen mit auffälligem Verhalten. Hier erfolgt in einem ersten Schritt eine psychiatrische Diagnose, oft gefolgt von medikamentöser Therapie, verbunden mit verhaltenstherapeutischen Maßnahmen. Dadurch können Symptome zwar oft abgemildert und ein Verbleib in einem Regelsetting erwirkt werden, aber es bleiben viele Fragen offen, die diskutiert werden müssten.

Eine Frage des Menschenbildes

Einfühlsame und differenzierte Darstellungen aus dem Bereich der Heilpädagogik zeigen oft eine ganz andere Blickrichtung und damit alternative Wege auf (vgl. Simon 2016). Sie zeugen von einer Betrachtungsweise, die auf einem ganzheitlichen Menschenbild beruht. In den Praxisbeispielen haben wir versucht, diesen spezifisch personalen Blick zu vermitteln – weg von einer Diagnose hin zu langfristigem Beobachten von Entwicklungen und möglichen positiven Ansatzpunkten. Schon das Wissen um die Geschichte der Heilpädagogik in der Schweiz (vgl. Kap. 2) kann eine freiere Sicht auf die Aufgaben einer wertorientierten Heilpädagogik eröffnen, ohne Errungenschaften heutiger Forschung negieren zu wollen.

Ausbildung ohne ideologische Begrenzung?

Die heutige Ausbildung in Schulischer Heilpädagogik orientiert sich am mit einem Paradigmenwechsel verbundenen angloamerikanischen Wissenschaftsbegriff (vgl. Bonfranchi/Perret 2021, S. 93 ff.). Er erfolgte 1980 mit der Ausgabe des DSM III als diagnostisches Manual für die psychiatrische Praxis. Es handelte sich dabei um ein die Symptome beschreibendes, theoriefreies Konzept, aus dem ein rein empirisch konstruiertes Diagnosesystem psychischer Störungen abgeleitet wurde. Dieser Paradigmenwechsel führte weg von einem Menschenbild, das die Einbettung jedes Menschen in seiner Geschichte und Kultur in den Mittelpunkt stellt, wie es bis dahin zur Tradition europäischer Psychiatrie gehörte. Die heute übliche Betonung neurowissenschaftlicher Aspekte in Diagnostik und Therapie in der Heilpädagogik steht damit in engem Zusammenhang. Für die Heilpädagogik wurde, parallel zur Psychiatrie, ein eigenes Klassifikationssystem entwickelt: das ICF (»Internationale Klassifikation der Funktionsfähigkeit, Behinderung und Gesundheit«). Die Diagnostik erfasste nun Körperfunktionen, Körperstrukturen, Aktivitäten und Partizipation (Teilhabe) sowie Umweltfaktoren, womit von einer ganzheitlichen Erfassung des Kindes in seiner einzigartigen Persönlichkeit abgesehen wurde. In Ermangelung von Biomarkern wird das Verhalten eines Kindes mit Fragebogen erfasst und einem Syndrom zugeordnet, das »behandelt« werden muss. Damit erfolgte eine Verschiebung des Selbstverständnisses der Heilpädagogik von der Pädagogik in den medizinisch-psychiatrischen Fachbereich. Diese veränderte Sicht von Heilpädagogik ist mittlerweile einseitige Grundlage in der Ausbildung an den Heilpädagogischen Hochschulen und wirkt sich selbstverständlich in der heutigen Praxis aus. Damit hat die Heilpädagogik das pädagogische Ziel einer umfassenden ganzheitlichen Bildung jedes Kindes und Jugendlichen, ob mit oder ohne Beeinträchtigung, aus den Augen verloren. Diagnosen und zugehörige Medikamente, verbunden mit strukturellen Maßnahmen wie einer flächendeckenden Integration, sind an die Stelle dieses Bildungsziels getreten. Wie also die Ausbildung sinnvoll ergänzen? Es wäre dringend angesagt! Ansonsten müssen sich diese Ausbildungsstätten den Vorwurf ideologischer Beengtheit gefallen lassen. Welche Sicht und welche Art der Ausbildung von Lehrpersonen würde es brauchen, damit für jedes Kind eine echte, ihm adäquate Teilhabe an Bildung ermöglicht würde? Und welche schulischen Strukturen würden dies erleichtern? Offene Fragen, die nicht nur in der Öffentlichkeit, sondern auch in den Ausbildungsstätten neu und breit diskutiert werden müssten.

Bereits heute möglich – Kooperation statt Integration

Leider ist zu befürchten, dass diese dringend angesagten Veränderungen in der heutigen Heilpädagogik noch einige Zeit auf sich warten lassen werden. Denn wir haben uns in nationalen und internationalen Vereinbarungen, Verträgen und Gesetzen dazu verpflichtet, die Gleichstellung von

Menschen mit einer Behinderung umzusetzen. Bis dahin müssen aber die Möglichkeiten ausgeschöpft werden, die uns heute zur Verfügung stehen. In unserem Buch sind Projekte beschrieben, die zeigen, wie Kinder mit ganz unterschiedlichen Ausgangsmöglichkeiten zusammengeführt werden können: Eine gemeinsame Theateraufführung, in der jedes Kind eine seinen Möglichkeiten entsprechende Rolle übernehmen kann, ein Konzert, ein Spielnachmittag, ein Ausflug. Aber auch die Möglichkeiten, die – ausgehend von der individuellen Situation – entwickelt werden können, fördern die Integration. Ebenso wie die Kooperation einer Regelschule mit einer Sonderschule durch gemeinsame Aktivitäten und Berührungspunkte, bei der eine gezielte, fachgerechte Förderung für alle gewährleistet bleibt. Kooperation statt Integration! Nicht nur für die Kinder und Jugendlichen, sondern auch für die entsprechenden Teams in den Schulen.

Hier sind allerdings Kreativität und zusätzliches Engagement verlangt. Konzepte solcher kooperativen Projekte wurden auch schon detailliert ausgearbeitet, erprobt und Bildungsverantwortlichen vorgelegt. Sie verschwanden leider in selten geöffneten Schubladen … Warum? Viele Lehrpersonen wären sicher gerne bereit, solche Projekte mit ihren Klassen auszutüfteln, vorzubereiten und mit der nötigen Sorgfalt durchzuführen – nicht von außen diktiert, sondern weil es ihrem heilpädagogischen Ethos entspricht.

Literaturverzeichnis

Beauchamp, T. L.; Childress, J. F. (2008). *Principles of Biomedical Ethics.* 6. Auflage. Oxford: University Press

Bonfranchi, R. (1989). *Wege beruflicher Integration lernschwacher Jugendlicher.* Luzern: Schweizerische Zentralstelle für Heilpädagogik SZH

Bonfranchi, R. (2011). *Ethische Handlungsfelder der Heilpädagogik. Integration und Separation von Menschen mit geistigen Behinderungen.* Bern: Peter Lang

Bonfranchi, R. (2017). *Phänomenologie der Geistigen Behinderung. Be-Kenntnisse eines Heilpädagogen.* Bern: Schweizerische Zentralstelle für Heilpädagogik SZH

Bonfranchi, R.; Perret, E. (2021). *Heilpädagogik im Dialog.* Oberhausen: Athena-wbv

Eidgenössische Departement des Innern. (2018). *Selbstbestimmtes Leben (2018–2021). Konzept.* Verfügbar unter: https://www.edi.admin.ch/.../themenschwerpunkt--selbstbestimmtes-leben-.html

Eidgenössisches Büro für Gleichstellung von Menschen mit Behinderungen. *Aktionsplan UN-BRK 2019–2023. Umsetzung der UN-Behindertenrechtskonvention bei Verbänden und Dienstleistungsanbietern für Menschen mit Behinderung.* Verfügbar unter: https://www.aktionsplan-un brk.ch/admin/data/files/hero_asset/file/3/191021_a4_ap_lang_de_web_final.pdf?lm=1571657601

Ellger-Rüttgardt, S. (2019). *Geschichte der Sonderpädagogik.* München: Ernst Reinhardt

Feuser, G. (1984). *Gemeinsame Erziehung behinderter und nichtbehinderter Kinder im Kindertagesheim.* Bremen: Diakonisches Werk Bremen

Häberlin, U. (2005). *Grundlagen der Heilpädagogik. Einführung in eine wertgeleitete erziehungswissenschaftliche Disziplin.* Bern: Haupt

Hanselmann, H. (1932). Was ist Heilpädagogik? In: *Arbeiten aus dem heilpädagogischen Seminar, 1*, 1-18.

Jantzen, W. (1979). *Behindertenpädagogik, Persönlichkeitstheorie, Therapie. Vorbereitende Arbeiten zu einer materialistischen Behindertenpädagogik.* Köln: Pahl-Rugenstein

Kobi, E. E. (1984). Zum Verhältnis von Pädagogik und Heilpädagogik. In: Kobi, E. E./Bürli, A./Broch, E. (Hrsg.). *Zum Verhältnis von Pädagogik und Heilpädagogik. Referate der 20. Arbeitstagung der Dozenten für Sonderpädagogik in den deutschsprachigen Ländern in Basel.* Luzern: Schweizerische Zentralstelle für Heilpädagogik SZH

Kobi, E. E. (1988). *Heilpädagogische Daseinsgestaltung.* Luzern: Schweizerische Zentralstelle für Heilpädagogik SZH

Lin, M. (2020). *Ein Bruder lebenslänglich. Vom Leben mit einem behinderten Geschwister.* Zürich: Limmat-Verlag

Moor, P. (1999). *Heilpädagogik. Ein pädagogisches Lehrbuch. Studienausgabe.* Luzern: Schweizerische Zentrale für Heilpädagogik SZH

Piaget, J. (1969). *Das Erwachen der Intelligenz beim Kinde.* Stuttgart: Klett

Sahli Lozano, C.; Crameri, S.; Adeifio Gosteli, D. (2021). *Integrative und separative schulische Massnahmen der Schweiz (InSeMa). Eine interaktive, digitale Landkarte.* Bern: Schweizerische Zentralstelle für Heilpädagogik SZH

Simon, A. (2016). *Helga. Ein emotional verwahrlostes Kind findet den Weg in die Gemeinschaft.* Meilen: Verlag für Psychologie und Erziehung

Solarova, S. (Hrsg.). (1983). *Geschichte der Heilpädagogik.* Stuttgart: Kohlhammer

Speck, O. (1993). *Menschen mit geistiger Behinderung und ihre Erziehung. Ein heilpädagogisches Lehrbuch.* 7. Aufl.. München: Ernst Reinhardt

Speck, O. (2019). *Dilemma Inklusion. Wie Schule allen Kindern gerecht werden kann.* München: Ernst Reinhardt

Tomasello, M. (2012). *Warum wir kooperieren.* Berlin: Suhrkamp

UN-Behindertenrechtskonvention (2008). *Gesetz zu dem Übereinkommen der Vereinten Nationen vom 13. Dezember 2006 über die Rechte von Menschen mit Behinderungen.* Bundesgesetzblatt 2008, Nr. 35 vom 21. Dezember 2008 [englischer Originaltext und deutsche Übersetzung]

Vygotsky, L. (1987). *Ausgewählte Schriften. Band 2: Arbeiten zur psychischen Entwicklung der Persönlichkeit.* Köln: Pahl-Rugenstein